Camping Kochbuch

Die besten Camping Rezepte aus dem **Campingbackofen** – genussvolle Momente für die Outdoor Küche ideal für Anfänger inklusive hilfreicher Einsteigertipps

1 Auflage

Inhaltsverzeichnis

Vorwort 1

Rezeptewelt 8

Frühstück 9

Gefüllte Brötchen 10

Elsässer Brötchen 11

Schoko-Birnen-Crumble 12

Apfel-Brombeer-Cobbler 13

Rosinenstuten 14

Brot-Pudding 15

Joghurt-Brötchen 16

Oatmeal 17

Frühstücks-Muffins 18

Laugen-Muffins 19

Aufläufe & Co. 20

Auberginen-Auflauf 21

Brotauflauf 22
Konfetti-Auflauf 23
Pfannkuchen-Auflauf 24
Griechischer Nudelauflauf 25
Schafskäse auf Blätterteig 26
Gyros-Auflauf 27
Hackbällchen Auflauf 28
Spargel-Quiche 29
Süßkartoffel-Auflauf 30
Hauptspeisen 31
Hähnchen auf Kartoffelspalten 32
Gefüllte Auberginen 33
Toskanisches Hähnchen 34
Brokkoli-Gratin 35
Lachs auf Gratin 36
Gnocchi als Forno 37
Käsespätzle 38
Schweinefilet in Honigsoße 39
Nudeln und Käse 40
Zitronen-Hähnchen 41
Griechischer Moussaka 42
Gefüllte Paprika 43
Hähnchen auf Ofengemüse 44
Paprika-Hähnchen 45
Toskanische Hackbällchen 46
Pizza-Rolle 47

Vegane Ratatouille 48
Rosmarin-Kartoffeln 49
Hähnchen-Wickel 50
Ofengemüse mit Schafskäse 51
Rheinische Miesmuscheln 52
One-Pot-Fleischtopf 53
Rote Bete-Gratin 54
Tomaten-Tarte 55
Wirsing-Gratin 56
Zucchini-Kuchen 57
Nachspeisen und Snacks 58
Auberginen-Türme 59
Feta im Blätterteig 60
Spinat-Börek 61
Spanische Teigtaschen 62
Leckere Maroni 63
Überbackene Feigen 64
Mini-Pizzen 65
Creme Brulee 66
Schokoladen-Auflauf 67
Süßer Kirschauflauf 68
Fruchttaschen 69
Zucchini-Feta-Muffins 70
Nussecken 71
Franz-Brötchen 72
Schwarzwälder-Cupcakes 73

Backrezepte ... 74
Kräuter-Käsekuchen ... 75
Apfel-Ballen ... 76
Biscotti mit Ricotta ... 77
Bratapfel ... 78
Brownies ... 79
Französischer Kuchen ... 80
Käsekuchen „American Style“ ... 81
Mandarinen-Kuchen ... 82
Rotwein-Kuchen ... 83
Russischer Zupfkuchen ... 84
Quarkstollen ... 85
Pflaumenkuchen ... 86
Nougatcreme-Kokos-Kuchen ... 87
Leckeres Brot ... 88
Haftungsausschluss ... 89

Vorwort

Das geniale kleine Kochgerät ist die ideale Begleitung für alle, die viel auf Reisen sind und auf schmackhafte Gerichte nicht verzichten möchten. Die meisten, die den Camping-Backofen ausprobiert haben, mögen ihn nicht mehr missen.

Der ursprünglich in Schweden konzipierte Kleinbackofen ist dort auch in fast jedem Haushalt zu finden, folge dessen spricht sicher nichts dagegen, ihn auch hierzulande daheim und nicht nur beim Campen zu nutzen.

Wie muss ich mir den Camping-Backofen vorstellen?

Dem äußeren Anschein nach ist er ein flacher Topf mit passendem Deckel, doch hier trügt der Schein. Der „Backofen" ist weit mehr, nämlich ein wohl durchdachtes System.

- Ein Stahlunterteil baut den Kontakt zur jeweiligen Wärmequelle auf. Möglich ist hier sowohl ein offener Feuer, wie auch die normale Elektroherdplatte, das Ceranfeld, ein Spiritus- oder Gaskocher oder der Grill. Lediglich beim Induktionsherd ist Vorsicht geboten. Da die Form nicht magnetisch ist, wäre sie für den Induktionsherd ungeeignet, wobei einige Nutzer angeben, dass es bei ihrem Gerät funktioniert. Um sicher zu gehen, wäre die Anschaffung einer Adapterplatte (*im Onlinehandel erhältlich*) eine Alternative.
- Der Camping-Backofen ist mit 25 cm Durchmesser, 2 Litern Fassungsvermögen und 500 g eher ein Leichtgewicht und braucht nicht allzu viel Stauraum.
- Auf das erwähnte Stahlunterteil gehört weiterhin eine Form, ähnlich einer Topfkuchenform mit Loch und ein passender Deckel. Die Form besteht aus Aluminium, der Deckel ist lackiert und mit mehreren Löchern ausgestattet. Über das mittige Loch steigt die Hitze unter den Deckel und wird von dort nach unten gelenkt, wodurch das Prinzip „Oberhitze" eines normalen Backofens entsteht.

Die Funktionsweise des Camping-Backofens

Von der Sache her arbeitet der „Backofen" nicht anders als andere Backöfen, nämlich mittels Ober- und Unterhitze. Steht er in der Reihenfolge Metallring-Form-Deckel auf der infrage kommenden Energiequelle, wird diese für 2 Minuten auf Höchstleistung gebracht und anschließend wieder auf die kleinstmögliche Stufe reduziert – schon beginnt derCamping-Backofen mit seiner Arbeit.

Die Hitze steigt von unten durch den Stahlring in den Boden der darüber stehenden Form – so wird Unterhitze erzeugt. Die Form kommt mit der Hitzequelle nicht in Berührung, die Wärme wird ausschließlich durch die Luft weitertransportiert.

Durch das in der Mitte der Form befindliche Loch strömt heiße Luft in den aufliegenden Deckel und erzeugt so die Oberhitze. Die im Deckelrand angebrachten kleinen Löcher dienen zum Abtransport überschüssiger feuchter Wärme. So kann ein zu hoher Hitzestau vermieden werden und das Backgut brennt an der Oberseite nicht an.

Die Back-/Kochzeiten sind abhängig vom Gargut. Für Brot oder Kuchen werden in der Regel ***60-90 Minuten*** benötigt, die Art der Energiequelle spielt hierbei eine Rolle. Zur Kontrolle kann ein Küchenthermometer hilfreich sein.

Was kann alles gezaubert werden?

Vom Prinzip her alles, was auch der normale Backofen leistet, vom feinen Rührkuchen über Aufbackbrötchen bis zur Quiche, Pizza oder einem Auflauf. Zu beachten ist dabei allerdings die spezielle runde Kuchenform – *dafür gibt es viele tolle Anregungen im anschließenden Rezeptteil.*

Mit dem Camping-Backofen allein lässt sich schon sehr viel Leckeres zubereiten, doch einige Zubehörteile erleichtern die Arbeit nicht nur, sie machen auch Spaß hinsichtlich der Ergebnisse.

Sets und Zubehör für Neueinsteiger

Erhältlich sind zum Beispiel ein großes Starter-Set, bestens geeignet für den Einstieg. Das Paket beinhaltet den Backofen, eine Silikonform, und ein Aufbackgitter.

Wem es hauptsächlich um knusprige Brötchen zum Frühstück geht, ist gut bedient mit dem Frühstücks-Set. In diesem Set befinden sich der Backofen und ein ***Aufbackgitter***. Außer den Brötchen können natürlich auch verschiedene Kuchen sowie Aufläufe zubereitet werden.

Wer das Equipment langsam aufstocken möchte, kann verschiedene Zubehörteile auch einzeln erwerben, z.B.:

- ***Das Thermometer*** – bei einigen Rezepten ist es gut, die Innentemperatur zu kennen. Das Thermometer lässt sich leicht im Deckel anbringen, so kann eine konstante Hitze mit einem Blick eingehalten werden.
- ***Das Aufbackgitter*** ist hilfreich beim Aufbacken von Brötchen. Legt man sie direkt auf den Boden der Form, verbrennen sie leicht. Bei selbstproduzierten Brötchen ist das Gitter nicht notwendig. Mit Aufbackgitter funktioniert auch das gleichzeitige Garen von Fleisch/Fisch und Gemüse. Das gewünschte Gemüse kommt direkt in die Form, darauf das Gitter und auf dasselbe Fleisch oder Fisch. Bei dieser Vorgehensweise gart alles gleichzeitig und wird saftig und aromatisch.
- ***Die Silikonform*** bringt gleich mehrere Pluspunkte mit. In die Form gelegt, backt nichts an und alles lässt sich leicht lösen, die Aluform braucht nicht eingefettet werden, der Kontakt von eventuell säurehaltigen Zutaten mit dem Aluminium wird verhindert und Silikon lässt sich deutlich leichter reinigen als Aluminium.
- ***Die Muffinform*** (*es sind auch einzelne Förmchen erhältlich*), ebenfalls aus Silikon ist ein „Must have" für alle Liebhaber von Muffins und Cupcakes. Es können 6 Muffins gleichzeitig gebacken werden. Wie auch die große Silikonform ist die Muffinform frei von BPA (*Bisphenol A, eine zur Kunststoffherstellung verwendete giftige Chemikalie, die die Gesundheit nachhaltig schädigen kann*).
- Wie alle Silikonformen sollten die beiden erwähnten vor Gebrauch mit Wasser und einem milden Spülmittel gereinigt werden und anschließend mit ein wenig Öl gefettet werden.
- ***Die Haltezange*** ist die tolle Ergänzung zum Camping. Sie passt perfekt sowohl unter die Ränder der Formen, ist sehr leicht und verbiegt beim Halten nicht die Form. So können die heißen Formen einfach von den Hitzequellen gezogen werden.

Die möglichen Einsatzgebiete des Camping-Backofens

Generell gesagt kann mit dem Kleinbackofen alles zubereitet werden wie mit einem üblichen Haushaltsgerät, der Phantasie sind da kaum Grenzen gesetzt. Wie eingangs schon erwähnt, ist praktisch von

Blätterteigröllchen bis zum Shepard's Pie sowie vielen anderen Spezialitäten alles möglich.

Den Unterschied zu einem normalen Backofen machen die Garzeiten. Hier sollte man sich auf eine etwas differenzierte Vorgehensweise einstellen – beinahe alles, was zubereitet werden soll, braucht etwa ***1 Stunde*** Garzeit, wobei die Prozedere nahezu gleich bleibt:

- Die Gasflamme auf höchste Stufe schalten.
- Für ***2-5 Minuten*** die Hitze beibehalten.
- Anschließend für ca. ***60 Minuten*** auf die niedrigste Stufe stellen.
- In der Regel sind Fisch, Fleisch, Kuchen u.ä. in dieser Zeit fertig.
- Den Deckel möglichst wenig hochnehmen, dabei entweicht viel Hitze.
- Für Brötchen, Hefeteige oder vorgekochte Zutaten, bspw. in Aufläufen gelten andere Garzeiten, die natürlich in allen Rezepten angegeben werden.

Den Start mit dem neu erworbenen Camping-Backofen macht beinahe jeder Besitzer mit Aufbackbrötchen. Das ist auch ganz leicht:

- Das Aufbackgitter in der Form platzieren.
- Darauf die Brötchen verteilen und Acht geben, dass sie nicht den Rand berühren.
- Nun den gefüllten Camping-Backofen auf die Hitzequelle stellen und diese für ***2 Minuten*** auf höchste Stufe stellen.
- Anschließend für ***15-20 Minuten*** auf niedrigster Stufe weiter backen lassen.
- Die Brötchen dürften danach fertig und frisch und knusprig sein.

Die Reinigung des Camping-Backofens

Das nicht sehr beliebte Spülen von Kochgeschirr gestaltet sich relativ schnell und einfach. Bei Silikonformen reicht, wie oben erwähnt, warmes Wasser, Spülmittel und Schwamm oder Lappen. An Aluformen haftet gern einmal die Kruste von Kuchen oder Aufläufen, hier hilft das Einweichen mit kaltem Wasser und einigen Tropfen Spülmittel. Danach wie gewohnt abwaschen.

Spülmaschinengeeignet ist der „Backofen“ leider nicht.

Verfärbungen im Inneren oder am Rand können im Laufe der Zeit vorkommen, sie gelten aber als vollkommen unbedenklich.

Einige hilfreiche Tipps zum Schluss

- Während bei Aufbackbrötchen der Rand nicht berührt werden sollte, stellt die bei selbstgemachten Teigen kein Problem dar.
- Kuchen sollten in der Form auskühlen.
- Aluformen immer gut ausfetten, um das Anbacken zu vermindern.
- Beim Hantieren mit spitzen Gegenständen aufpassen, dass die Formen nicht beschädigt werden.
- Bei Verwendung der Aluform kann Backpapier helfen, das Ansetzen zu verhindern. Herkömmliches Backpapier zu passenden Streifen schneiden, anfeuchten und die Form damit auslegen, oder einfach ein Loch in die Mitte schneiden (*Umweltfreundlicher ist natürlich wiederverwertbares*).
- Die Form nicht bis zum Äußersten befüllen – ein Abstand von etwa 2 cm zum oberen Rand sollte bleiben.
- Zum Beispiel bei Nudelaufläufen zuerst ein wenig Sauce auf dem Boden der Form verteilen.
- Blätterteig kann (*wie oben das Backpapier*) roh in Streifen zerteilt und an die Form angepasst werden.
- Der Camping-Backofen wird sehr heiß – vorteilhaft sind da natürlich gute Ofenhandschuhe.

Wo kann der Camping-Backofen eingesetzt werden?

Zuerst natürlich im Outdoor-Bereich – on Campen, Wander- oder Treckingtouren, Wanderkajak, Kanufahrten oder Zelten und Grillen mit Freunden oder Familie.

Des Weiteren ist der „Backofen“ ein gern gesehener Gast in beengten Studentenbuden, auf Grillpartys oder als Zweitgerät bei einer größeren zu bewirtenden Gästeschar.

Die verschiedenen Befeuerungsmöglichkeiten

Außer den bereits erwähnten Gas- und Elektroherden sowie Glaskeramik-feldern besteht auch die Möglichkeit, folgende Hitzequellen zu nutzen:

- Z.B. den „Multifuel Kocher“ von MSR – ein stabiles Gerät, mit dem den Camping-Backofen durch Benzin, Kerosin oder Petroleum befeuert werden kann.
- Oder handelsübliche Gaskocher mit festem Stand. Angeboten werden häufig Sets mit Koffer und Gaskartuschen.
- Des Weiteren auch Holzkohlegrills.
- Und aushilfsweise auf einem Rind aus Steinen, in dessen Mitte glühende Kohlen platziert werden. Achtung: Für einen sicheren Stand sorgen!

Wo kann der Camping-Backofen bzw. ganze Sets bezogen werden?

Es bieten sich verschiedene Internethändler an – hier geht es meist am schnellsten und einfachsten.

Eventuell lohnt sich auch ein Vergleich mit Fachhändlern wie bspw. „Camping Wagner“ oder https://omniasweden.com/de/kaufen/

Um den Einstieg in das praktische Kochen zu erleichtern, folgen nun unsere erprobten Rezepte. ***Viel Erfolg!***

Abkürzungen für die Rezepte

Pck. = Packung
St = Stück
g = Gramm
kg = Kilogramm
ml = Milliliter
cm = Zentimeter
cl = Zentiliter
l = Liter
Msp. = Messerspitze
TL = Teelöffel
EL = Esslöffel
n.B.= nach Bedarf
Schb. = Scheiben
Ds. = Dose
Bd. = Bund

Guten Appetit!

Frühstück

Gefüllte Brötchen

Dauer: 35 Minuten | **Portion(en):** 5 | **Schwierigkeit:** leicht

Zutaten

5 Aufbackbrötchen | 100 g Champignons | 100 g geriebener Käse | Salz | Pfeffer | Oregano | 1 Knoblauchzehe | 5 Eier

Zubereitung

1. Von den Brötchen jeweils einen Deckel abschneiden und die Brötchen aushöhlen.
2. Die Champignons und Knoblauch kleinschneiden und in einer Pfanne mit wenig Fett anbraten.
3. In einer Schüssel die Pilze mit dem Käse und den Gewürzen vermischen. Die Mischung in den Brötchen verteilen und gut festdrücken.
4. Die Silikonform in den Camping-Backofen setzen und die Brötchen hineingeben.
5. Die Eier einzeln in eine kleine Schale schlagen und vorsichtig in je 1 Brötchen gleiten lassen.
6. Die Brötchen nun etwa **20 Minuten** bei mittlerer Hitze backen und danach vor dem Verzehr etwas auskühlen lassen.

Elsässer Brötchen

Dauer: 30 Minuten | **Portion(en):** 5 | **Schwierigkeit:** mittel
Ruhezeit: 26 Stunden

Zutaten

160 g Weizenmehl | 1 ½ TL Trockenhefe | 175 ml Wasser | 1 TL Salz

Zubereitung

1. Für den Vorteig 80 g Mehl mit ½ TL Hefe und 80 ml Wasser verrühren und zugedeckt bei Raumtemperatur etwa **22-24 Stunden** ruhen lassen.
2. Am nächsten Tag die übrigen Zutaten zufügen und gut vermengen. Aus der Masse auf einer bemehlten Fläche einen Teig kneten.
3. Eine Schüssel mit Öl ausstreichen und den Teig darin weitere **30 Minuten** ruhen lassen. Den Teig danach falten und nochmal **70 Minuten** ruhen lassen.
4. Ein Geschirrtuch bemehlen und aus dem Teig 5 Bahnen formen und mit der Naht nach unten auf dem Tuch platzieren. Abgedeckt wieder **30 Minuten** ruhen lassen.
5. Die Form einfetten. Die Teiglinge mit der Naht nach oben darin verteilen und mit etwas Wasser bespritzen.
6. Den Deckel aufsetzen und die Brötchen **5 Minuten** auf größter Flamme backen. Die Hitze auf die kleinste Stufe herunterdrehen und **10 Minuten** weiterbacken. Dann noch einmal **5-7 Minuten** auf höchster Stufe backen.

Schoko-Birnen-Crumble

Dauer: 45 Minuten | **Portion(en):** 1 | **Schwierigkeit:** mittel

Zutaten

4 Birnen | 55 g ungesüßter Backkakao | 40 g Weizenmehl | 50 g Mandelmehl | 100 g Zucker | 100 g gesalzene weiche Butter | 50 g Walnüsse

Zubereitung

1. Die Birnen schälen, halbieren und die Kerngehäuse entfernen. Die Früchte würfeln und in der Backform verteilen.
2. Die übrigen Zutaten in einer Schüssel vermengen und zu Streuseln verarbeiten. Die Masse auf den Birnen verteilen.
3. Den Camping-Backofen **2 Minuten** auf höchster Stufe anheizen, die Temperatur dann auf die kleinste Stufe regeln und den Crumble etwa **30 Minuten** backen.
4. Den Crumble etwas abkühlen lassen und warm oder kalt genießen.

Apfel-Brombeer-Cobbler

Dauer: 40 Minuten | **Portion(en):** 4 | **Schwierigkeit:** leicht
Ruhezeit: 10 Minuten

Zutaten

120 g Weizenmehl | 35 g Zucker | 1 Prise Salz | 2 TL Weinstein-Backpulver | 25 g kalte Butter | 75 g Sahne | 500 g Brombeeren | 1 Apfel | 2 EL Speisestärke

Zubereitung

1. Für den Teig das Mehl mit 30 g Zucker, Salz und Backpulver mischen und die Butter in Würfeln zugeben. Daraus einen klebrigen Teig verkneten. Den Teig abgedeckt **10 Minuten** ruhen lassen.
2. Inzwischen die Brombeeren in eine Schüssel geben. Den Apfel schälen, klein würfeln und gemeinsam mit der Sahne zu den Beeren geben. Den übrigen Zucker und die Stärke zufügen.
3. Alles gut vermischen und dann auf dem Boden der Backform verteilen.
4. Den Teig achteln und zu Kugeln formen. Diese etwas platt drücken und auf die Früchte legen.
5. Den Cobbler **30 Minuten** auf kleinster Flamme backen. Danach etwas ruhen lassen und warm genießen.

Rosinenstuten

Dauer: 45 Minuten | **Portion(en):** 4 | **Schwierigkeit:** mittel
Ruhezeit: 90 Minuten

Zutaten

400 g Weizenmehl | 1 Pck. Trockenhefe | 65 g Butter | 65 g Zucker | ¼ l Milch | 2 Prisen Meersalz | 200 g Rosinen | 1 Eigelb

Zubereitung

1. Das Mehl in eine Schüssel sieben und mittig eine Mulde drücken. Da hinein Hefe, Zucker und Salz geben.
2. Die Butter in einem Topf schmelzen. Den Topf vom Herd ziehen und die Milch einrühren. Die lauwarme Mischung zum Mehl geben und alles zu einem Teig kneten. Ist er zu klebrig, noch etwas Mehl zufügen.
3. Nach **5-6 Minuten** die Rosinen dazugeben und gut unterkneten. Aus dem Teig eine Kugel und dann einen Strang formen. Diesen in die Silikonform des Camping-Backofens legen und **90 Minuten** aufgehen lassen.
4. Das Eigelb mit wenig Milch verquirlen und damit den Teig bestreichen. Dann **20 Minuten** auf kleiner Flamme backen. Zum Schluss weitere **3-5 Minuten** auf größter Stufe zu Ende backen.

Brot-Pudding

Dauer: 50 Minuten | **Portion(en):** 4 | **Schwierigkeit:** leicht

Zutaten

175 g altes Weißbrot (*Baguette, Toastbrot o.ä.)* | 2 Eier | 120 g Sahne | 100 g Milch | 60 g Zucker

Zubereitung

1. Das Brot so zuschneiden, dass es in die Backform passt. Die Scheiben in einer flachen Schale mit Milch begießen und **30-40 Minuten** einweichen lassen. Ggf. noch Milch nachgießen.
2. Die Eier mit dem Zucker schaumig aufschlagen und die Sahne unterrühren.
3. Die Backform gut einfetten und die weichen Brotscheiben darin verteilen. Die Ei-Sahne darüber gießen und den Pudding **2 Minuten** auf größter Flamme und **30 Minuten** auf der kleinsten Hitze aufstocken lassen.

Joghurt-Brötchen

Dauer: 30 Minuten | **Portion(en):** 6 | **Schwierigkeit:** leicht

Zutaten

150 ml lauwarmes Wasser | ½ Würfel frische Hefe | 80 g Joghurt | 300 g Weizenmehl | ½ TL Salz | 1 TL flüssiger Honig

Zubereitung

1. In einer Schüssel die Hefe in das Wasser bröseln und unter Rühren auflösen. Die übrigen Zutaten zufügen und einen homogenen Teig kneten.
2. Die Backform gut einfetten.
3. Aus dem Teig nun 6 Brötchen formen und diese in die Form legen. Dann **10 Minuten** bei großer Hitze und **15 Minuten** auf kleinster Flamme backen.

Oatmeal

Dauer: 45 Minuten | **Portion(en):** 4 | **Schwierigkeit:** mittel

Zutaten

200 g kernige Haferflocken | 400 ml Milch | 2 Eier | 1 Apfel | 1 Banane | 125 g Heidelbeeren | 30 g gemahlene Mandeln | 1 EL Honig

Zubereitung

1. Den Apfel und die Banane schälen und kleinschneiden.
2. In einer Schüssel die Haferflocken mit dem Mandeln und ¾ der Beeren und Früchte vermischen.
3. In einer weiteren Schüssel die Milch mit den Eiern und dem Honig verquirlen. Die Mischung über die Haferflocken geben und gut vermengen.
4. Alles nun in die Backform füllen und mit den übrigen Früchten dekorieren.
5. Das Oatmeal **30-35 Minuten** auf mittlerer Flamme backen.

Frühstücks-Muffins

Dauer: 30 Minuten | **Portion(en):** 2 | **Schwierigkeit:** leicht

Zutaten

6 Schb. Sandwichtoast | 2 Schb. Kochschinken | 6 Eier | Salz | Pfeffer

Zubereitung

1. Die Toastscheiben mit einer Teigrolle oder Flasche flach rollen und dann in 6 Muffinsmulden drücken.
2. Aus dem Kochschinken 6 Streifen schneiden und damit die Toastmulden auskleiden.
3. In jede Mulde ein Ei schlagen und mit Pfeffer und Salz würzen.
4. Das Aufbackgitter in die Form setzen und die Mulden darauf verteilen. Etwa **20 Minuten** auf kleiner Hitze backen.

Laugen-Muffins

Dauer: 45 Minuten | **Portion(en):** 6 | **Schwierigkeit:** schwer
Ruhezeit: 30 Minuten

Zutaten

200 g Weizenmehl | 100 ml warmes Wasser | 30 g weiche Butter | ¼ Würfel frische Hefe | ½ TL Salz | ½ TL Zucker | 1 l Wasser | grobes Meersalz | 50 g Natron

Zubereitung

1. Das Mehl mit dem Salz und der Butter in eine Schüssel geben.
2. Die Hefe mit dem Zucker im warmen Wasser auflösen und zum Mehl geben. Einen glatten Teig kneten. Den Teig zugedeckt **30 Minuten** an einemwarmen Ort gehen lassen.
3. 6 Muffinformen einfetten. Das Aufbackgitter in den Camping-Backofen einsetzen.
4. Den Teig auf einer bemehlten Arbeitsfläche durchkneten und in 6 Stücke teilen. Jeden Teigling noch einmal durchkneten und zu einer Kugel formen. Abgedeckt **3-4 Minuten** ruhen lassen.
5. Inzwischen das Wasser mit Natron und 1 EL grobes Salz in einem Topf zum Sieden bringen. Mit einer Schaumkelle die Teigkugeln in die Lauge geben und etwa **30 Sekunden** ziehen lassen. Umdrehen und noch einmal **10 Sekunden** in der Lauge lassen.
6. Die Teiglinge herausheben und auf Küchenpapier abtropfen lassen. Mit einem Messer kreuzweise einschneiden, mit grobem Salz bestreuen und dann in die Formen setzen.
7. Auf mittlerer Stufe **25-30 Minuten** im Camping-Backofen backen.

Auberginen-Auflauf

Dauer: 50 Minuten | **Portion(en):** 4 | **Schwierigkeit:** mittel

Zutaten

600 g mehlig kochende Kartoffeln | 120 ml Milch | 1 große Aubergine | 1 Knoblauchzehe | Olivenöl | getrockneter Oregano | Pfeffer | Salz | 200 g geriebener Gouda

Zubereitung

1. Die Kartoffeln schälen, kleinschneiden und in Salzwasser weichkochen. Danach abgießen und ausdampfen lassen. Dann unter Zugabe von Milch einen Kartoffelbrei stampfen und diesen mit Salz abschmecken.
2. Den Knoblauch schälen und pressen.
3. Die Aubergine in etwa 5 mm dicke Scheiben schneiden und in einer Pfanne mit etwas Öl scharf anbraten. Die Scheiben vierteln und in einer Schüssel mit Knoblauch und den Gewürzen vermischen.
4. In die Form eine Schicht Kartoffelbrei geben und darauf eine Schicht Auberginen verteilen. Darüber etwa 50 g Käse streuen. Dann wieder eine Schicht Brei und Auberginen schichten. Alles mit Oregano, Salz und Pfeffer bestreuen und den übrigen Käse darauf geben.
5. Den Camping-Backofen für **2-3 Minuten** auf größter Flamme anheizen und anschließend für **30 Minuten** auf kleinster Stufe backen.

Brotauflauf

Dauer: 50 Minuten | **Portion(en):** 4 | **Schwierigkeit:** mittel

Zutaten

200 g altes Brot | 3 Eier | 350 g Milch | 150 ml Wasser | 3 Kartoffeln | 3 Karotten | 3 Tomaten | 2 Zwiebeln | 200 g geriebener Käse | 4 EL Tomatenmark | Salz | Pfeffer | Oregano | Muskat | Knoblauchöl | 20 g Butter | 20 g Mehl

Zubereitung

1. Das Brot so schneiden, dass es in die Form passt. Die Eier mit 150 g Milch und 2 Prisen Pfeffer verquirlen.
2. In einer flachen Form das Brot verteilen und mit der Milchmischung übergießen, damit das Brot sich vollsaugt.
3. Inzwischen die Zwiebeln schälen, in Scheiben schneiden und in einer Pfanne anbraten. Die Kartoffeln und Karotten schälen, in Scheiben schneiden und in Salzwasser fast gar kochen. Die Tomaten in Scheiben schneiden.
4. In einem Topf die Butter schmelzen und das Mehl einrühren. Unter Rühren etwa **1 Minuten** anrösten, dann nach und nach die restliche Milch angießen und die Soße mit Muskat, Salz und Pfeffer abschmecken.
5. In der Backform zuerst eine Schicht Tomaten, als nächstes die Hälfte des Brotes schichten. Darüber etwas Tomatenmark verstreichen.
6. Die Zwiebeln und Kartoffeln und dann das übrige Brot einschichten. Als oberste Schicht die übrigen Tomatenscheiben legen und alles mit Oregano, Pfeffer und Salz bestreuen.
7. Etwa 1-2 TL Knoblauchöl darüber träufeln, die Soße und den Käse darauf verteilen.
8. Den Auflauf auf größter Flamme **2 Minuten** und dann **30 Minuten** auf der niedrigsten Stufe backen. Zum Schluss noch einmal **3 Minuten** auf höchster Stufe backen lassen.

Konfetti-Auflauf

Dauer: 50 Minuten | **Portion(en):** 1 | **Schwierigkeit:** mittel

Zutaten

200 ml Schmand | 150 g Langkornreis | 200 ml Gemüsebrühe | 150 g Mais (*Ds*) | 150 g TK-Erbsen | 150 g rote Paprika | 1 Stange Porree | 3 Eier | 120 g geriebener Gouda | Salz | Pfeffer | Thymian

Zubereitung

1. Die Paprika in kleine Würfel schneiden. Den Porree in Scheiben schneiden.
2. Die Silikonform in den Camping-Backofen einsetzen. Den Reis mit der Brühe, dem Mais, den Erbsen, der Paprika und dem Porree in die Form geben und gut vermischen.
3. Mit Thymian, Salz und Pfeffer würzen und dann auf höchster Stufe zunächst **2 Minuten**, dann mit Deckel etwa **20 Minuten** auf mittlerer Hitze backen.
4. Inzwischen den Schmand mit den Eiern verquirlen und gut würzen. Die Mischung kurz vor Ende der Backzeit über das Gemüse gießen und alles **20 Minuten** weiter backen.
5. Den Auflauf mit dem Käse bestreuen und **5-10 Minuten** auf großer Flamme überbacken.

Pfannkuchen-Auflauf

Dauer: 40 Minuten | **Portion(en):** 4 | **Schwierigkeit:** schwer
Ruhezeit: 15 Minuten

Zutaten

2 Eier | 150 g Weizenmehl | 75 g Milch | 75 ml Wasser | 2 EL Rapsöl | Salz | Pfeffer | 750 g Karotten | 1 Zwiebel | 1 Knoblauchzehe | 150 g Kichererbsen (Ds) | 400 g passierte Tomaten | 80 ml Wasser vom Gemüsekochen | getrockneter Basilikum, Oregano und Thymian | 140 g Mozzarella

Zubereitung

1. Die Eier mit Mehl, Milch, Wasser, Öl und 1 Prise Salz zu einem flüssigen Teig verrühren. Den Teig **15 Minuten** ruhen lassen. Aus dem Teig dann etwa 10 kuchentellergroße Pfannkuchen backen.
2. Den Mozzarella gut abtropfen lassen.
3. Die Karotten längs in Stifte schneiden und in Salzwasser weich kochen. Vom Kochwasser etwa 80 ml auffangen.
4. Die Pfannkuchen nacheinander ausbreiten und mit jeweils 4 Karottenstiften belegen. Mit je 1 Prise Salz und Pfeffer bestreuen. Die Pfannkuchen aufrollen und dritteln. Die Stücke mit den Schnittflächen nach unten in der Silikonform verteilen.
5. Die Zwiebel und den Knoblauch schälen, fein würfeln und in einem Topf mit etwas Öl anschwitzen. Die Tomaten und das Kochwasser zugeben und die Kräuter einstreuen. **Einige Minuten** köcheln lassen, dabei mit Pfeffer und Salz abschmecken.
6. Die Soße über den Pfannkuchen verteilen. Den Mozzarella zerzupfen und darüber streuen.
7. Auf mittlerer Hitze **15 Minuten** backen.

Griechischer Nudelauflauf

Dauer: 60 Minuten | **Portion(en):** 4 | **Schwierigkeit:** mittel

Zutaten

500 g gemischtes Hackfleisch | 1 Knoblauchzehe | 1 Zwiebel | 2 rote Paprika | 150 ml Gemüsebrühe | 3 EL Tomatenmark | 200 g Creme fraiche | 250 g griechische Nudeln | 500 g passierte Tomaten | 3 TL Thymian | 1 TL Paprikapulver | Pfeffer | Salz | 200 g Feta | Olivenöl

Zubereitung

1. Den Knoblauch und die Zwiebel schälen und fein würfeln. Beides mit dem Hackfleisch und etwas Öl in einer Pfanne anbraten. Alles mit Paprika, Pfeffer, Salz und 2 TL Thymian würzen.
2. In einer Schüssel die Nudeln, die Tomaten, 100 ml Brühe, Tomatenmark, Creme fraiche und dem übrigen Thymian vermischen und pfeffern und salzen.
3. Die Paprikaschoten entkernen und würfeln. Mit dem Hackfleisch unter die Nudeln mischen.
4. Die Mischung in der Backform verteilen. Nun **5 Minuten** auf höchster Stufe und dann **20 Minuten** auf halber Flamme garen. Den Herd abschalten und alle Zutaten mit einem Löffel kurz umrühren, ggf. die übrige Brühe angießen.
5. Den Feta über den Auflauf bröseln und alles **10-12 Minuten** auf mittlerer Hitze überbacken.

Schafskäse auf Blätterteig

Dauer: 45 Minuten | **Portion(en):** 4 | **Schwier**

Zutaten

1 Rolle Blätterteig | 200 g Schafskäse | 6 Cherrytomaten | 14 schwarze Oliven | Pfeffer | Salz | 200 g Creme fraiche | 4 EL italienische Kräuter

Zubereitung

1. Den Blätterteig in der Breite dritteln und die Silikonform damit auslegen.
2. Den Schafskäse zerbröckeln und auf dem Teig verteilen. Die Tomaten halbieren und mit den Schnittflächen oben in den Schafskäse drücken.
3. Die Oliven ggf. entsteinen und zwischen den Tomaten verteilen. Alles mit Pfeffer würzen.
4. Den überstehenden Blätterteig vorsichtig mit einem Messer entfernen. Dann die Silikonform in den Camping-Backofen setzen und **30 Minuten** bei mittlerer Hitze backen.
5. Inzwischen aus Creme fraiche, Kräutern, Salz und Pfeffer einen Dip verrühren.
6. Den Feta im Blätterteig mit dem Dip servieren.

Gyros-Auflauf

Dauer: 45 Minuten | **Portion(en):** 4 | **Schwierigkeit:** mittel
Ruhezeit: 30 Minuten

Zutaten

650 g Schweinegeschnetzeltes | 250 g Nudeln nach Wahl | 1 rote Paprika | 3 Zwiebeln | 3 EL Tomatenmark | 200 g Creme fraiche | 120 ml Sahne | 4 cl Metaxa | 200 ml Gemüsebrühe | 60 g geriebener Parmesan | 70 g geriebener Edamer | 1 TL Paprikapulver | 4 TL Gyrosgewürz | 3 TL Rapsöl | Pfeffer | Salz

Zubereitung

1. Das Öl mit dem Gyrosgewürz und 100 ml Brühe verrühren und dann mit Pfeffer würzen. Das Fleisch zugeben und vermengen.
2. Die Zwiebeln schälen und in Scheiben schneiden. Zum Fleisch geben und verrühren. Alles **30 Minuten** marinieren.
3. Die Nudeln in Salzwasser nach Packungsanweisung vorkochen, jedoch **3 Minuten** weniger als angegeben.
4. In einer Schüssel das Tomatenmark mit der Creme fraiche, Sahne, Metaxa und der übrigen Brühe verrühren. Das Paprikapulver zugeben und salzen und pfeffern.
5. Das Fleisch in einer Pfanne mit etwas Öl unter Rühren anbraten.
6. Inzwischen die Paprika entkernen und in Streifen schneiden.
7. In der Schüssel mit der Marinade das Fleisch, die Nudeln, Paprika und Metaxa-Soße vermischen.
8. Den Schüsselinhalt in die Form füllen und mit dem Käse bestreuen. Den Auflauf **30 Minuten** bei mittlerer Hitze garen lassen.

Hackbällchen-Auflauf

Dauer: 45 Minuten | **Portion(en):** 4 | **Schwierigkeit:** mittel

Zutaten

500 g kleine Kartoffeln | 200 g Feta | 6 EL Olivenöl | 200 g gemischtes Hackfleisch | 1 Ei | 1 Schb. Toastbrot | 200 g Zucchini | 130 g Cherrytomaten | 1 gelbe Paprika | ½ Zitrone | ½ Bd. Thymian | Salz | Pfeffer | Paprikapulver

Zubereitung

1. Die Kartoffeln waschen, längs halbieren und in einer Schüssel mit 2 EL Öl, Pfeffer und Salz vermischen. In der Backform verteilen und etwa **25 Minuten** bei mittlerer Hitze vorgaren.
2. Inzwischen die Paprika entkernen und mit der Zucchini klein würfeln. Die Tomaten halbieren. Das Gemüse in einer Schüssel vermischen. Die Blätter vom Thymian zupfen und unter das Gemüse mischen.
3. Die Zitrone auspressen und den Saft mit 2 EL Öl zugeben und den Salat kräftig salzen und pfeffern.
4. Das Toastbrot einweichen. Das Hackfleisch mit Ei, den Gewürzen und dem Toastbrot gründlich verkneten. Aus der Masse 10-12 Bällchen formen und in einer Pfanne mit dem übrigen Öl rundherum anbraten.
5. Etwas Gemüse auf den Kartoffeln verteilen und 1/3 Feta darüber bröseln. Die Hackbällchen darauf legen. Nun das übrige Gemüse darum verteilen.
6. Den restlichen Schafskäse darüber streuen und **25 Minuten** auf mittlerer Hitze überbacken.

Spargel-Quiche

Dauer: 50 Minuten | **Portion(en):** 4 | **Schwierigkeit:** leicht

Zutaten

300 g Zwiebeln | 250 g grüner Spargel | 4 Eier | 200 ml Creme fraiche | Salz | Pfeffer | 1 Rolle Blätterteig

Zubereitung

1. Die Zwiebeln schälen, in kleine Stücke schneiden und in einer Pfanne mit etwas Öl glasig andünsten.
2. Den Spargel putzen und mundgerecht schneiden. Dabei die Spitzen ganz lassen. Den Spargel in Salzwasser bissfest garen. Abgießen und etwas auskühlen lassen. Die Spitzen heraussuchen und zur Seite stellen.
3. Die Eier in einer Schüssel mit der Creme fraiche verrühren und kräftig würzen.
4. Die Backform einfetten.
5. Den Blätterteig über die Form legen und mittig über dem Loch kreuzweise einschneiden. Dann in die Form drücken, dabei sollte 2/3 der Wände bedeckt sein.
6. Die Spargelstücke *–nicht die Spitzen* - in der Form verteilen und die Eiermasse darüber gießen. Darauf die Spargelspitzen legen. Überstehenden Blätterteig nach unten rollen.
7. Die Quiche **5 Minuten** auf großer Flamme und dann **30 Minuten** auf kleiner Hitze backen. Zum Schluss noch einmal **2 Minuten** auf größter Flamme backen.

Süßkartoffel-Auflauf

Dauer: 60 Minuten | **Portion(en):** 4 | **Schwierigkeit:** mittel

Zutaten

250 g getrocknete Linsen | 1 Msp. Natron | Weinessig | Salz | Pfeffer | 500 g Süßkartoffeln | 100 ml Milch | 25 g Butter | 2 Lorbeerblätter | 2 Zwiebeln | 2 Karotten | 1 Rettich | 1 TL Rosmarin | 1 TL Knoblauchöl | 120 g geriebener Käse | 2 EL Paniermehl | Olivenöl

Zubereitung

1. In einem Topf mit reichlich Wasser die Linsen mit dem Natron etwa **30 Minuten** weich kochen. Die Linsen danach abgießen und mit 1 Schuss Weinessig und Salz abschmecken.
2. Die Süßkartoffeln schälen, würfeln und in dem Topf weichkochen. Abgießen und die Kartoffeln mit der Milch und Butter zu einem Brei stampfen. Mit 1 Prise Salz würzen.
3. Das Gemüse schälen und klein würfeln.
4. In einem Topf 3 EL Öl erhitzen und die Rosmarinnadeln **1 Minute** rösten. Das Gemüse zugeben und etwa **10-12 Minuten** dünsten. Den Topf vom Herd ziehen und die Linsen einrühren. Mit Pfeffer, Salz und wenig Knoblauchöl abschmecken.
5. Die Form einfetten und die Linsenmasse einfüllen. Den Kartoffelbrei darüber verteilen. Darüber den Käse und das Paniermehl streuen.
6. Den Auflauf **2 Minuten** auf größter Flamme und **30 Minuten** auf kleinster Hitze backen. Zum Schluss noch einmal **2 Minuten** auf höchster Flamme fertig backen.

Hauptspeisen

Hähnchen auf Kartoffelspalten

Dauer: 60 Minuten | **Portion(en):** 4 | **Schwierigkeit:** mittel

Zutaten

650 g kleine Kartoffeln | 2 Knoblauchzehen | 1 rote Paprika | 1 gelbe Paprika | 4 Hähnchenbrustfilets | 6 TL Olivenöl | 3 TL Thymian | 2 TL Paprikapulver | Pfeffer | Salz

Zubereitung

1. Die Kartoffeln waschen und längs vierteln. Die Knoblauchzehen schälen und sehr fein hacken. Die Paprikas entkernen und in kleine Streifen schneiden.
2. 3 TL Öl mit Knoblauch und Thymian vermischen und kräftig salzen und pfeffern. Die Marinade mit dem Gemüse vermengen und in den Camping-Backofen füllen.
3. Das übrige Öl mit dem Paprikapulver vermischen und salzen und pfeffern.
4. Die Filets halbieren und mit der Paprikamischung rundherum einstreichen. Auf den Kartoffeln verteilen.
5. Den Camping-Backofen **5 Minuten** auf größter Flamme und dann **45 Minuten** auf halber Flamme garen lassen.

Gefüllte Auberginen

Dauer: 40 Minuten | **Portion(en):** 3 | **Schwierigkeit:** mittel

Zutaten

2 Auberginen | 60 g getrocknete Linsen | 1 Msp. Natron | 1 Lorbeerblatt | 1 Zwiebel | 1 Knoblauchzehe | 3 EL Tomatenmark | Paprikapulver | Knoblauchöl | Salz | Pfeffer | Thymian | etwas Wasser

Zubereitung

1. Die Auberginen längs halbieren und aushöhlen. Die Hälften in einer Pfanne mit etwas Öl beidseitig scharf anbraten. Herausnehmen und zur Seite legen.
2. Die Linsen in einem Topf mit Natron und dem Lorbeerblatt weich kochen.
3. Die Zwiebel und den Knoblauch schälen und mit dem Auberginen-Fruchtfleisch klein würfeln. Alles in der Pfanne anbraten. Das Tomatenmark zufügen und **1 Minute** rösten. Mit 50 ml Wasser ablöschen.
4. Das Gemüse mit den Linsen vermengen und abschmecken. Die Füllung in den Auberginen verteilen.
5. Die Backform einölen und die Auberginen hineingeben. Auf höchster Stufe **5 Minuten** backen, danach etwa **25 Minuten** auf kleinster Flamme.

Toskanisches Hähnchen

Dauer: 60 Minuten | **Portion(en):** 4 | **Schwierigkeit:** schwer

Zutaten

500 g kleine Kartoffeln | 120 g Cocktailtomaten | 4 Hähnchenbrustfilets | 1 TL Brühe | 3 TL Oregano | 3 TL Rosmarin | 3 TL Basilikum | 3 EL Olivenöl | 2 EL Tomatenmark | 100 ml Wasser | Pfeffer | Salz

Zubereitung

1. Die Kartoffeln längs vierteln, mit dem Öl vermischen und im Camping-Backofen verteilen. Die Tomaten halbieren und darüber geben. Alles gut salzen.
2. In einer Schüssel das Wasser mit Brühe, Tomatenmark und je 1 TL der Kräuter verrühren und salzen und pfeffern. Die Soße über das Gemüse gießen.
3. Das Fleisch kräftig mit Pfeffer und Salz würzen und auf das Gemüse legen. Die übrigen Kräuter mischen und das Fleisch damit bestreuen.
4. Das Huhn **2 Minuten** auf voller Hitze und etwa **40 Minuten** auf mittlerer Hitze garen.

Brokkoli-Gratin

Dauer: 45 Minuten | **Portion(en):** 4 | **Schwierigkeit:** mittel

Zutaten

1 kg Brokkoli | 200 g geriebener Gouda | Meersalz | Muskat | 400 ml Milch | 35 g Margarine | 35 g Weizenmehl | 1 Ei | Pfeffer

Zubereitung

1. Den Brokkoli in Röschen zerteilen, dabei die Stielenden kreuzweise einritzen. Den Stiel in Würfel schneiden. Alles für **10 Minuten** in Salzwasser bissfest garen und mit Salz und Muskat würzen.
2. In einem Topf die Margarine schmelzen und das Mehl darin unter Rühren etwas anbraten, nicht braun werden lassen. Mit der Milch ablöschen und alles aufkochen.
3. Den Topf vom Herd ziehen und das Ei vorsichtig einrühren. Die Soße mit Muskat, Salz und Pfeffer abschmecken.
4. Den Brokkoli im Camping-Backofen verteilen und mit der Soße übergießen. Den geriebenen Käse großzügig darüber streuen.
5. Den Camping-Backofen **2 Minuten** auf größter Stufe anheizen und auf kleinster Flamme etwa **20 Minuten** backen.

Lachs auf Gratin

Dauer: 50 Minuten | **Portion(en):** 4 | **Schwierigkeit:** mittel

Zutaten

800 g Kartoffeln | 120 ml Milch | 200 g Sahne | 1 Knoblauchzehe | 3 TL getrockneter Dill | 8 Cherrytomaten | 4 Schb. Lachs a‘ ca. 150 g | Meersalz | Pfeffer | Muskat | 1 TL Brühe

Zubereitung

1. Die Milch mit der Sahne mischen und mit Brühe, Salz, Pfeffer, Muskat und 2 TL Dill würzen.
2. Die Kartoffeln schälen und in dünne Scheiben schneiden. Den Knoblauch halbieren und damit die Backform ausreiben.
3. Die Kartoffeln in die Form schichten und die Sahnesoße darüber verteilen. Auf voller Flamme **5 Minuten** und bei mittlerer Hitze **10 Minuten** backen.
4. Inzwischen die Tomaten halbieren. Den Lachs ggf. häuten und entgräten. Den Fisch salzen und pfeffern.
5. Den Lachs auf das Gratin legen und mit dem übrigen Dille bestreuen. Die Tomaten zwischen die Fischstücke geben. Weitere **25 Minuten** bei mittlerer Hitze backen.

Gnocchi als Forno

Dauer: 40 Minuten | **Portion(en):** 4 | **Schwierigkeit:** mittel

Zutaten

500 g frische Gnocchi | 400 g stückige Tomaten (Ds) – 400 g passierte Tomaten (Ds) | 1 Zwiebel | 1 Knoblauchzehe | 1 Pck. Mozzarella | Olivenöl | Pfeffer | Salz | 1 TL Oregano | Basilikumblätter

Zubereitung

1. Die Zwiebel schälen und kleinschneiden. Den Knoblauch schälen und fein hacken. Den Mozzarella abtropfen lassen und zerrupfen.
2. In den Camping-Backofen etwa Öl geben und die Zwiebeln darin auf größter Stufe etwa **10 Minuten** garen. Den Knoblauch zufügen und **5 Minuten** mit garen.
3. Die beiden Tomatensorten zugeben und bei mittlerer Hitze etwa **15 Minuten** köcheln lassen. Ggf. die Soße noch pürieren.
4. Die Gnocchi dazugeben und gut verrühren. Etwa **10 Minuten** garen lassen.
5. Den Mozzarella darüber geben und alles auf größter Stufe **4-5 Minuten** überbacken.
6. Die Basilikumblätter abzupfen und kurz vor dem Servieren über die Gnocchi streuen.

Käsespätzle

Dauer: 45 Minuten | **Portion(en):** 3 | **Schwierigkeit:** mittel

Zutaten

3 Eier | 120 ml Milch | 35 ml Wasser | 250 g Weizenmehl | ½ TL Salz | 80 g Röstzwiebeln | 250 g pikanten, reifen Käse

Zubereitung

1. Die Eier mit der Milch, dem Wasser, Mehl und Salz verrühren. Daraus mit einem Holzlöffel einen geschmeidigen Teig schlagen.
2. Im größten Topf reichlich Wasser aufkochen. Den Teig in die Spätzlepresse füllen und in das sprudelnde Wasser pressen.
3. Sobald die Spätzle oben schwimmen, sind sie fertig.
4. Inzwischen den Käse reiben. Etwa 200 g Käse mit 60 g Röstzwiebeln und den Spätzle vermischen. Die Mischung in den Camping-Backofen füllen und den übrigen Käse und die restlichen Röstzwiebeln darauf verteilen.
5. Die Spätzle etwa **5-6 Minuten** auch höchster Stufe und danach **5 Minuten** auf der kleinsten Stufe backen.

Schweinefilet in Honigsoße

Dauer: 55 Minuten | **Portion(en):** 4 | **Schwierigkeit:** mittel
Ruhezeit: 3 Stunden

Zutaten

1,2 kg Schweinefilet | 100 ml flüssiger Honig | 150 ml Sojasoße | 1 mittelgroße Chilischote | 1 TL Speisestärke | 200 g Creme fraiche | 1 TL Currypulver | Pfeffer | Salz

Zubereitung

1. Das Fleisch waschen, trockentupfen und von Haut und Sehnen befreien.
2. Die Chilischote klein würfeln. Die Würfel mit dem Honig und der Sojasoße in einem Gefrierbeutel verkneten.
3. Das Fleisch in den Beutel geben, gut verschließen und **3 Stunden** marinieren lassen. Das Fleisch danach gut durchkneten.
4. In einer Schüssel die Creme fraiche mit Stärke, Currypulver und 6 EL der Marinade verrühren. Mit Pfeffer und wenig Salz würzen.
5. Die Soße in den Camping-Backofen füllen und das Filet hineinlegen. Etwa **3 Minuten** bei größter Hitze und dann **30 Minuten** bei mittlerer Hitze garen. Das Schweinefilet umdrehen und weitere **10 Minuten** fertig garen.

Nudeln und Käse

Dauer: 50 Minuten | **Portion(en):** 1 | **Schwierigkeit:** mittel

Zutaten

300 g Nudeln | 60 g Margarine | 35 g Mehl | 600 ml Milch | Salz | Pfeffer | Muskat | 2 TL Paprikapulver | 1 TL Senf | 250 g Hartkäse

Zubereitung

1. Die Nudeln in Salzwasser sehr bissfest kochen und danach abtropfen lassen.
2. In einem Topf die Margarine schmelzen, das Mehl zugeben und etwa **1 Minute** kräftig rühren. Die Milch angießen und solange köcheln lassen, bis sie andickt.
3. Etwa 150 g Käse zufügen und in der Soße schmelzen lassen. Das Paprikapulver und den Senf einrühren. Alles mit Pfeffer und Salz abschmecken.
4. Die Backform gut einfetten.
5. Die Nudeln mit der Soße vermischen und alles in die Form gießen. Den restlichen Käse darüber raspeln.
6. Die Nudeln **2 Minuten** auf großer Flamme vorbacken und **20-30 Minuten** bei kleiner Hitze fertig backen.

Zitronen-Hähnchen

Dauer: 60 Minuten | **Portion(en):** 4 | **Schwierigkeit:** mittel
Ruhezeit: 2 Stunden

Zutaten

4 Hähnchenbrustfilets | 2 Zitronen | 1 rote Chilischote | 1 Knoblauchzehe | 600 g kleine Kartoffeln | 3 Zweige Rosmarin | 3 EL Olivenöl | Pfeffer | Salz

Zubereitung

1. Die Zitronen heiß abwaschen. Eine Zitrone schälen und die Schale hacken. Beide Zitronen auspressen. Den Saft mit der gehackten Schale in einen Gefrierbeutel geben.
2. Die Chilischote entkernen und fein würfeln. Den Knoblauch schälen und fein hacken. Die Rosmarinnadeln von einem Zweig abstreifen und hacken. Alles in den Beutel geben und vermischen.
3. Die Hähnchen halbieren und in die Marinade geben. Gut in das Fleisch einmassieren und **2-3 Stunden** marinieren lassen, besser wäre über Nacht.
4. Die Kartoffeln waschen und in ½ cm dicke Scheiben schneiden. Die übrigen Nadeln vom Rosmarin abstreifen und fein hacken. Die Kartoffeln mit dem Öl und dem Rosmarin vermischen und salzen und pfeffern.
5. Die Kartoffeln in den Camping-Backofen füllen und das Fleisch darauf verteilen. Etwa die Hälfte der Marinade darüber gießen.
6. Den Camping-Backofen **5 Minuten** auf höchster Stufe und danach **40 Minuten** bei mittlerer Stufe garen lassen.

Griechischer Moussaka

Dauer: 45 Minuten | **Portion(en):** 3 | **Schwierigkeit:** mittel

Zutaten

1 große Aubergine | 500 g Kartoffeln | 60 ml Milch | 3 Tomaten | 85 g Feta | 100 g geriebener Gouda | 2 Knoblauchzehen | 2 EL Tomatenmark | Oregano | Rosmarin | Muskat | Pfeffer | Salz | Olivenöl

Zubereitung

1. Die Aubergine in Scheiben schneiden und diese ggf. noch einmal halbieren. Die Scheiben in einer Pfanne mit etwas Öl beidseitig braun braten.
2. Die Knoblauchzehen schälen und fein hacken. Kurz vor Ende der Bratzeit zu den Auberginen geben und alles mit Oregano, Salz und Pfeffer würzen.
3. Die Kartoffeln schälen und in Salzwasser weich kochen. Mit der Milch zu Brei zerstampfen und mit Muskat und Salz würzen.
4. Die Tomaten in Würfel schneiden und mit Salz, Pfeffer und Rosmarin würzen.
5. In den Camping-Backofen nun die Hälfte des Kartoffelbreis und darauf 2 EL Tomatenmark verstreichen. Darauf zunächst die Hälfte der Tomaten, dann den übrigen Kartoffelbrei verteilen. Als nächstes die Auberginen und am Schluss wieder Tomaten schichten. Mit Pfeffer würzen.
6. Als Abschluss den Gouda und darüber den Feta geben.
7. Den Camping-Backofen **2 Minuten** auf höchster Stufe und dann etwa **30 Minuten** auf der niedrigsten Stufe backen lassen.

Gefüllte Paprika

Dauer: 75 Minuten | **Portion(en):** 5 | **Schwierigkeit:** mittel

Zutaten

5 große rote Paprikaschoten | 1 kl. Ds. Mais | 400 g weiße Bohnen (*Ds.*) | 250 ml Gemüsebrühe | 4 EL Tomatenmark | 4 kl. Zwiebeln | 1 große Tomate | 2 EL Sojasoße | 120 g geriebener Gouda | 1 Knoblauchzehe | Salz | Pfeffer | 1 g Oregano | 1 g Majoran | ½ TL Zimt | 1 g Kreuzkümmel | 5 g Chilipulver | Olivenöl

Zubereitung

1. Die Deckel der Paprika abschneiden und die Paprika aushöhlen. Die Zwiebeln schälen und kleinschneiden. Die Tomate klein würfeln. Den Knoblauch schälen und fein hacken.
2. Die Gemüsebrühe erwärmen.
3. In einer Pfanne die Zwiebeln glasig anschwitzen. Das Tomatenmark zugeben und **2 Minuten** rösten. Die Tomaten zufügen und **2-3 Minuten** mit braten. Mit etwa 2/3 der Brühe ablöschen und alles **4-5 Minuten** köcheln lassen.
4. Die Bohnen, den Mais, Knoblauch und die Gewürze unterrühren. Etwa **2-3 Minuten** köcheln lassen, bis eine breiartige Masse entstanden ist. Ggf. noch etwas Brühe angießen. Alles salzen und pfeffern.
5. Den Käse unter die Masse heben. Mit der Masse die Paprikaschoten füllen.
6. Den Camping-Backofen mit Olivenöl einstreichen und die Paprikaschoten einsetzen. Auf größter Flamme **5 Minuten** und danach **30 Minuten** bei geringer Hitze backen. Die Hitze erhöhen und die Paprika noch **20 Minuten** backen.

Hähnchen auf Ofengemüse

Dauer: 60 Minuten | **Portion(en):** 4 | **Schwierigkeit:** schwer
Ruhezeit: 12 Stunden / über Nacht

Zutaten

4 Hähnchenbrustfilets | 5 EL Rapsöl | 3 EL fertiges Hähnchengewürz | 400 g kleine Kartoffeln | 2 Zwiebeln | 1 gelbe Paprika | 100 g Kirschtomaten | 1 Knoblauchzehe | 120 g Schinkenspeck | 1 EL Tomatenmark | 100 g Kräutercreme | 4 Zweige Majoran | 2 Zweige Thymian | Salz | Pfeffer

Zubereitung

1. 2 EL Öl mit dem Hähnchengewürz vermischen und das Fleisch damit einpinseln. Die Hähnchen in einem verschließbaren Gefrierbeutel **über Nacht** in den Kühlschrank legen.
2. Den Majoran und Thymian von den Stängeln zupfen und fein hacken. Den Knoblauch schälen und hacken. Den Speck fein würfeln.
3. In einer großen Schüssel Kräuter, Knoblauch, das übrige Öl, Tomatenmark und Speckwürfel vermischen und salzen und pfeffern.
4. Die Zwiebeln schälen, halbieren und in Scheiben schneiden. Die Paprika entkernen und würfeln. Die Tomaten halbieren. Die Kartoffeln mit Schale vierteln.
5. Das Gemüse mit der Kräutercreme vermischen und in den Camping-Backofen füllen. Das Aufbackgitter darüber legen und die Hähnchen darauf legen.
6. Etwa **3 Minuten** bei größter Hitze und dann **45 Minuten** auf mittlerer Stufe garen lassen.

Paprika-Hähnchen

Dauer: 50 Minuten | **Portion(en):** 4 | **Schwierigkeit:** leicht

Zutaten

4 Hähnchenbrustfilets | 370 g eingelegte Paprika | 200 g Schmand | 6 EL Ajvar | 1 TL Brühe | 200 g Feta | Salz | Pfeffer

Zubereitung

1. Das Fleisch halbieren und mit Pfeffer und Salz würzen. Die Stücke im Camping-Backofen verteilen.
2. Die Paprikas abtropfen lassen und über das Fleisch geben.
3. Den Schmand mit Ajvar und der Brühe verrühren und die Creme über Fleisch und Paprika verteilen.
4. Alles zuerst **2 Minuten** auf voller Hitze und dann **25 Minuten** bei mittlerer Hitze garen.
5. Den Camping-Backofen vom Herd ziehen. Den Feta über das Fleisch bröseln. Weitere **15 Minuten** auf mittlerer Hitze überbacken.

Toskanische Hackbällchen

Dauer: 40 Minuten | **Portion(en):** 4 | **Schwierigkeit:** leicht

Zutaten

650 g gemischtes Hackfleisch | 1 Knoblauchzehe | 1 kl. Ds. gehackte Tomaten | 150 g Sahne | 5 EL TK-Kräuter | 1 EL Tomatenmark | 1 TL Zucker | 125 g Mozzarella | Pfeffer | Salz

Zubereitung

1. Den Knoblauch schälen und hacken.
2. In einer Schüssel die Tomaten, Sahne, Tomatenmark, 2 EL Kräuter und den Zucker mischen. Mit Salz und Pfeffer würzen. Den Knoblauch unterrühren. Die Flüssigkeit in den Camping-Backofen füllen.
3. Aus dem Hackfleisch, den übrigen Kräutern, Salz und Pfeffer einen Teig kneten. Daraus 10 Bällchen formen und diese im Camping-Backofen verteilen.
4. Den Mozzarella in 10 Scheiben schneiden und je 1 Scheibe auf die Hackbällchen legen.
5. Alles **2 Minuten** auf großer Flamme und anschließend **30 Minuten** auf mittlerer Hitze garen lassen.

Pizza-Rolle

uer: 45 Minuten | **Portion(en):** 4 | **Schwierigkeit:** schwer
Ruhezeit: 60 Minuten

Zutaten

250 g Weizenmehl | ½ Tüte Trockenhefe | 1 Prise Zucker | 1 Prise Salz | 1 EL Öl | 150 ml lauwarmes Wasser | 200 g passierte Tomaten | 2 frische Tomaten | 5 EL Mais (*Ds*) | 10 g Rucola | Basilikumblätter | 250 g geriebener Käse | 2 TL Oregano | Olivenöl

Zubereitung

1. Das Mehl in eine Schüssel sieben und mittig eine Mulde eindrücken. Die Hefe, den Zucker und das Salz einstreuen und Öl und Wasser eingießen. Die Zutaten mit einer Gabel verrühren und dann mit den Händen einen weichen Teig kneten. Den Teig abgedeckt **1 Stunde** gehen lassen.
2. Die Tomaten klein würfeln. Den Mais in einem Sieb abgießen.
3. Auf einer bemehlten Fläche den Teig zu einem Rechteck von 50x30 cm ausrollen. Die passierten Tomaten darauf verstreichen, dabei oben einen 2 cm breiten Rand lassen.
4. Nacheinander Tomaten, Mais, Rucola und Basilikum darauf verteilen. Etwa 2/3 des Käses darüber streuen. Den Teig von unten nach oben vorsichtig einrollen.
5. Den Camping-Backofen mit Olivenöl einpinseln und die Rolle in die Form heben. Etwas festdrücken und den übrigen Käse darüber streuen.
6. Die Pizzarolle etwa **2 Minuten** bei großer Hitze und dann **20 Minuten** bei sehr kleiner Hitze backen. Zum Schluss noch einmal **3 Minuten** bei hoher Hitze backen.

Vegane Ratatouille

Dauer: 60 Minuten | **Portion(en):** 4 | **Schwierigkeit:** mittel

Zutaten

2 Zwiebeln | 3 Knoblauchzehen | 1 rote Paprika | 5 EL Olivenöl | 1 EL Knoblauchöl | 1 Aubergine | 1 Zucchini | 1 Süßkartoffel | 3 frische Tomaten | 400 g passierte Tomaten | 1 TL Oregano | 1 TL Thymian | Pfeffer | Salz

Zubereitung

1. Die Zwiebeln und die Knoblauchzehen schälen und mit der Paprika klein schneiden. Das geschnittene Gemüse ´mit 3 EL Olivenöl in den Camping-Backofen geben und mit Deckel etwa **10 Minuten** auf großer Flamme braten.
2. Inzwischen die Aubergine, die Zucchini und die Tomaten in etwa 5 mm dicke Scheiben schneiden. Die Süßkartoffel schälen und in dünne Scheiben schneiden.
3. Nach der Garzeit das Gemüse im Camping-Backofen mit den passierten Tomaten ablöschen und alles mit Oregano, Thymian, Pfeffer und Salz würzen.
4. Die Gemüsescheiben nun abwechselnd in die Form schichten und mit Salz und Pfeffer bestreuen. Darauf 2 EL Olivenöl und etwa 1 EL Knoblauchöl verteilen.
5. Das Ratatouille **5 Minuten** auf großer Flamme und **45 Minuten** bei kleiner Hitze backen.

Rosmarin-Kartoffeln

Dauer: 40 Minuten | **Portion(en):** 4 | **Schwierigkeit:** leicht
Ruhezeit: 10 Minuten

Zutaten

700 g Drillinge (*kleine Kartoffeln*) | 4 EL Olivenöl | 1 Zweig frischer Rosmarin | Meersalz

Zubereitung

1. Die Nadeln vom Rosmarin abzupfen und fein hacken.
2. In einer Schüssel 3 EL Öl mit dem Rosmarin und etwas Salz verrühren.
3. Die Kartoffeln waschen und längs halbieren. In die Schüssel geben und mit der Ölmischung gründlich mischen. Etwa **10 Minuten** ziehen lassen.
4. Die Backform mit dem übrigen Öl auspinseln. Die Kartoffeln darin verteilen und **2 Minuten** bei großer Hitze und anschließend **25 Minuten** auf halber Flamme backen.

Hähnchen-Wickel

Dauer: 60 Minuten | **Portion(en):** 4 | **Schwierigkeit:** leicht

Zutaten

200 g Creme fraiche mit Kräutern | 200 g Creme fraiche | 1 EL Speisestärke | 2 TL Tomatenmark | Salz | Pfeffer | 600 g Hähnchenbrustfilet | 120 g Bacon | 120 g Mozzarella

Zubereitung

1. Die beiden Cremes mit der Stärke und dem Tomatenmark verrühren. Mit Pfeffer und Salz würzen und in den Camping-Backofen füllen.
2. Das Fleisch in 4-5 Stücke zerteilen und rundherum salzen und pfeffern. Jedes Stück mit einer Scheibe Bacon umwickeln und in der Form auf der Creme verteilen.
3. Den Mozzarella in 4-5 Scheiben schneiden und je 1 Scheibe auf das Fleisch legen.
4. Die Wickel **10 Minuten** auf größter Flamme und anschließend **35 Minuten** auf mittlerer Hitze backen.

Ofengemüse mit Schafskäse

Dauer: 50 Minuten | **Portion(en):** 4 | **Schwierigkeit:** leicht

Zutaten

500 g kleine Kartoffeln | 1 Knoblauchzehe | 3 Paprikaschoten | 2 Zwiebeln | 2 Zweige Rosmarin | 4 TL italienische Kräuter (*TK*) | ½ l Gemüsebrühe | 5 EL Olivenöl | 125 g Feta | 2 EL Oliven | Pfeffer | Salz

Zubereitung

1. Die Kartoffeln waschen und längs vierteln. Den Knoblauch schälen und hacken. Die Paprikas vierteln und entkernen. Alles in einer Schüssel mit dem Öl und den Kräutern vermengen. Mit Pfeffer und Salz kräftig würzen.
2. Die Brühe in den Camping-Backofen gießen und das Gemüse dazugeben.
3. Den Rosmarin auf das Gemüse legen und **1 Minute** bei großer Hitze und danach **35 Minuten** auf mittlerer Flamme garen.
4. Sind die Kartoffeln bissfest, die Oliven darauf geben und den Feta darüber bröseln. Noch einmal **2 Minuten** bei voller Hitze backen.

Rheinische Miesmuscheln

Dauer: 45 Minuten | **Portion(en):** 2 | **Schwierigkeit:** leicht

Zutaten

120 g Karotten | 50 g Knollensellerie | ¼ Stange Porree | 1 Zwiebel | 130 ml Weißwein | ½ l Wasser | ½ TL Meersalz | schwarzer Pfeffer | 800 g Miesmuscheln

Zubereitung

1. Die Karotten schälen und in feine Scheiben schneiden. Den Sellerie klein würfeln. Den Porree in dünne Scheiben schneiden. Die Zwiebel schälen, halbieren und in Halbmonde schneiden. Das Gemüse in die Form geben.
2. Den Wein, das Wasser und Salz zugeben und kräftig mit Pfeffer würzen. Den Sud etwa **5-6 Minuten** auf großer Flamme und dann **20 Minuten** bei mittlerer Hitze kochen.
3. Inzwischen die Muscheln gründlich waschen und nicht essbare aussortieren. In den Sud geben und **5-6 Minuten** bei großer Hitze garen. Sind die Muscheln geöffnet, sind sie gar. *Ungeöffnete Muscheln nicht verzehren!*

Frischetest für Miesmuscheln – der Klopftest

Die Muschel recht fest auf eine Platte klopfen. Wenn sie sich schließt, ist sie zum Verzehr geeignet. Reagiert sie nicht, bitte entsorgen.

Feuriger One-Pot-Fleischtopf

Dauer: 80 Minuten | **Portion(en):** 4 | **Schwierigkeit:** schwer

Zutaten

250 ml Barbecue-Ketchup | 200 g Sahne | 5 EL Ahornsirup | 3 EL Weinbrand | 1 rote Paprika | 300 g Kartoffeln | 1 Zwiebel | 3 getrocknete Chilischoten | 200 g Putengulasch | 200 g Rindergulasch | 200 g Schweinegulasch | Meersalz | Pfeffer | 4 TL Majoran

Zubereitung

1. Den Ketchup in die Form füllen. Die leere Flasche mit etwas Wasser ausspülen und zum Ketchup gießen. Die Sahne, den Sirup und Weinbrand dazugeben und alles salzen und pfeffern. Gut verrühren.
2. Die Kartoffeln schälen und mit der Paprikaschote würfeln. Die Zwiebel schälen und in dünne Scheiben schneiden. Die Chilischoten fein hacken. Alles in die Backform geben und verrühren.
3. Das Fleisch ggf. etwas kleiner schneiden und auf dem Gemüse verteilen. Die Zutaten vermengen und mit Pfeffer, Salz und Majoran würzen.
4. Den Fleischtopf **10 Minuten** bei voller Hitze und dann **50 Minuten** auf halber Flamme garen. Sind die Kartoffeln gar, ist der Fleischtopf fertig.

Rote Bete-Gratin

Dauer: 60 Minuten | **Portion(en):** 4 | **Schwierigkeit:** leicht

Zutaten

400 g frische Rote Bete | 3 EL Olivenöl | 200 g Feta | 2 Knoblauchzehen | 1 TL Rosmarin | 1 TL Thymian | 2 EL Pinienkerne | Pfeffer | Salz

Zubereitung

1. Die Rote Bete schälen, vierteln und in dünne Scheiben schneiden. Dann dachziegelartig in der Silikonform verteilen. 2 EL Öl darüber geben und alles **45 Minuten** bei mittlerer Hitze garen.
2. Inzwischen die Kräuter mit dem übrigen Öl vermischen.
3. In einer fettfreien Pfanne die Pinienkerne rösten. Den Feta zerbröseln.
4. Nach der Backzeit den Feta über den Rote Beten verteilen und das Kräuteröl darauf träufeln. Die Pinienkerne darüber streuen.
5. Das Gratin **10 Minuten** auf größter Flamme backen. Danach **5-6 Minuten** in der Form ruhen lassen und mit Pfeffer bestreut servieren.

Tomaten-Tarte

Dauer: 70 Minuten | **Portion(en):** 4 | **Schwierigkeit:** mittel

Zutaten

130 g Weizenmehl | 60 g geriebener Gouda | 1 Ei | 45 g Butter | 1 Prise Salz | Pfeffer | 100 g Frischkäse | 100 g Gorgonzola | 3 frische Tomaten | 1 geh. EL Pinienkerne

Zubereitung

1. Aus Mehl, Gouda, Ei, Butter, Salz und 1 Prise Pfeffer einen Teig verkneten. Den Teig in die Silikonform drücken und einen Rand con ca. 5 cm formen.
2. Vom Gorgonzola eine Scheibe abschneiden und zur Seite legen. Den übrigen Käse mit dem Frischkäse verrühren. Die Creme kräftig mit Pfeffer würzen und dann auf dem Teig verstreichen.
3. Die Tomaten in 2 mm dünne Scheiben schneiden und dachziegelartig auf den Teig legen. Die Scheibe Gorgonzola in kleine Stücke teilen und auf den Tomaten verteilen.
4. Die Tarte auf kleinster Flamme **40 Minuten** und dann **10 Minuten** auf größter Hitze backen.
5. Die Tarte **10-12 Minuten** in der Form ruhen lassen.
6. Inzwischen die Pinienkerne in einer fettfreien Pfanne rösten und auf einem Teller auskühlen lassen.
7. Die Tarte auf einen Teller stürzen und mit den Kernen bestreuen.

Wirsing-Gratin

Dauer: 40 Minuten | **Portion(en):** 4 | **Schwierigkeit:** schwer

Zutaten

1 kl. Wirsing | 40 g gehackte Mandeln | 40 g Paniermehl | 1 Zwiebel | 1 Apfel | 100 g geriebener Gouda | Salz | Pfeffer | Muskat | Natron | 600 g Kartoffeln | 1 EL Butter | etwas Milch | 2 EL Rapsöl

Zubereitung

1. Die Wirsingblätter in Streifen schneiden. Die Zwiebel und den Apfel schälen und klein würfeln. Die Kartoffeln schälen und würfeln.
2. In einem großen Topf reichlich Wasser mit 1 EL Salz und 1 TL Natron aufkochen. Den Kohl darin etwa **8 Minuten** blanchieren, dann kalt abschrecken.
3. Im Wirsingwasser die Kartoffeln weich kochen, abgießen und mit der Butter zu Brei zerstampfen. Nach und nach etwas Milch dazugeben und ein Püree rühren. Mit Muskat, Pfeffer und Salz abschmecken. Das Kartoffelpüree in der Silikonform verteilen.
4. In einer Pfanne 2 EL Öl erhitzen und die Zwiebeln anbräunen. Die Apfelstücke zufügen und leicht anbraten. Die Mandeln und das Paniermehl zufügen und unter Rühren anrösten. Die Mischung in eine Schüssel füllen und mit 3 Prisen Salz, Pfeffer und Muskat abschmecken.
5. Den Kohl auf dem Püree verteilen und leicht andrücken. Die Knuspermischung und den Käse darüber streuen.
6. Den Kohl **15 Minuten** auf mittlerer Flamme backen.

Zucchini-Kuchen

Dauer: 75 Minuten | **Portion(en):** 4 | **Schwierigkeit:** mittel

Zutaten

1 kg Zucchini | Salz | Pfeffer | Muskat | 3 Eier | 125 ml Milch | 75 g Mehl | 2 TL Backpulver | 1 TL Thymian | 1 TL Oregano | 100 g geriebener Gouda

Zubereitung

1. Die Zucchini schälen und in sehr dünne Scheiben schneiden. Die Scheiben in einer Schüssel großzügig salzen und etwa **20 Minuten** Wasser ziehen lassen.
2. Inzwischen die Eier mit der Milch, dem Mehl, Backpulver, den Gewürzen und etwa der Hälfte des Goudas verquirlen. Die Mischung **4-5 Minuten** quellen lassen.
3. Das Wasser von den Zucchini abgießen und die Scheiben mit Küchenpapier trockentupfen. Die Eiermasse darüber gießen und unterheben.
4. Die Masse in der Silikonform verteilen und etwa **1 Stunde** auf kleiner Flamme und dann **5 Minuten** bei großer Hitze backen.

Zu dem Zucchini-Kuchen passt Tsatsiki sehr gut.

Nachspeisen und Snacks

Auberginen-Türme

Dauer: 25 Minuten | **Portion(en):** 6 | **Schwierigkeit:** leicht
Ruhezeit: 30 Minuten

Zutaten

1 große Aubergine | 2 große Tomaten | 250 g Mozzarella | Basilikum | Salz | Pfeffer | Balsamico | Olivenöl

Zubereitung

1. Die Aubergine in 5 mm dicke Scheiben schneiden, mit Salz bestreuen und etwa **30 Minuten** Wasser ziehen lassen. Danach trockentupfen und in einer Pfanne mit wenig Öl beidseitig anbraten.
2. Die Tomaten in etwa 5 mm dicke Scheiben schneiden. Den Mozzarella abtropfen lassen und auch in 5 mm dicke Scheiben schneiden.
3. Für die Türmchen nacheinander je 1 Scheibe Aubergine, Tomate und Mozzarella übereinanderlegen. Mit Pfeffer bestreuen und darüber den Vorgang wiederholen.
4. Die Türmchen in die Silikonform setzen und auf großer Flamme **10 Minuten** backen. Mit frischem Basilikum und jeweils einigen Tropfen Olivenöl und Balsamico sowie frischem Weißbrot genießen.

Feta im Blätterteig

Dauer: 45 Minuten | **Portion(en):** 4 | **Schwierigkeit:** leicht

Zutaten

1 Rolle Blätterteig | 175 g Feta | 50 g getrocknete Tomaten im Öl | 30 g schwarze Oliven | Salz | Pfeffer

Zubereitung

1. Die Feta in 8 Stifte von 1x1x7 cm schneiden. Die Tomaten abtropfen lassen und klein hacken. Die Oliven entsteinen und zerhacken.
2. Den Blätterteig ausrollen und zu 8 Stücken von 10x12,5 cm zuschneiden.
3. In das untere Drittel der Platte je 1 Stange Feta legen und daneben je 1 Reihe Tomaten und Oliven legen. Alles salzen und pfeffern.
4. Die Platten von der Längsseite aufrollen und die Enden zusammendrücken.
5. Die Wände der Backform einfetten und eine Lage Backpapier auf das Gitter legen. 4 Röllchen darauf verteilen und etwa **2 Minuten** auf größter Stufe und danach **20 Minuten** auf der kleinsten Flamme backen. Zum Schluss weitere **3-4 Minuten** auf der höchsten Stufe backen.
6. Die Röllchen etwa **15 Minuten** auskühlen lassen und servieren.

Spinat-Börek

Dauer: 60 Minuten | **Portion(en):** 3 | **Schwierigkeit:** mittel

Zutaten

6 Blatt Filoteig | 400 g Blattspinat | 1 Knoblauchzehe | 150 g Feta | 150 g griechischer Joghurt | 55 ml Milch | 25 ml Rapsöl | 1 Ei | Salz | Pfeffer

Zubereitung

1. Den Spinat waschen, trockenschleudern und fein hacken. Den Knoblauch schälen und fein hacken. Beides in einer Pfanne mit etwas Öl unter Rühren anbraten. Mit Pfeffer und Salz würzen und herausnehmen.
2. Den Feta zerbröckeln und mit dem Spinat vermengen. Das Ei mit Joghurt, 50 ml Milch und 20 ml Öl verquirlen.
3. Die Teigblätter auf einer Fläche ausbreiten. Die übrige Milch mit dem restlichen Öl verrühren und damit die oberste Blätterschicht bestreichen. Mit allen Teigblättern ebenso verfahren.
4. Jeweils 3 EL der Spinatmischung auf die Längsseiten der Blätter geben, dabei an den Rändern etwa 2 cm frei lassen.
5. Die beidseitigen Ränder nach innen klappen und den Teig längs einrollen. Daraus Schnecken formen.
6. Die Schnecken in der Silikonform nebeneinander verteilen. Alles mit der Joghurtmischung begießen.
7. Auf mittlerer Flamme etwa **35 Minuten** backen, anschließend weitere **10 Minuten** auf höchster Stufe.

Spanische Teigtaschen

Dauer: 40 Minuten | **Portion(en):** 3 | **Schwierigkeit:** mittel
Ruhezeit: 60 Minuten

Zutaten

120 g Mehl | 2 g Trockenhefe | Salz | Paprikapulver | Pfeffer | Oregano | 60 ml lauwarmes Wasser | 2 EL Rapsöl | 1 kleine Zwiebel | 1 rote Paprika | 1 Knoblauchzehe

Zubereitung

1. Die Zwiebel und den Knoblauch schälen und klein hacken. Die Paprika kleinschneiden. Alles in einer Pfanne mit etwas Öl anbraten. Die Füllung abkühlen lassen und abschmecken.
2. In einer Schüssel das Mehl mit Hefe, ½ TL Salz, ½ TL Paprikapulver vermischen. Das Öl vom Gemüse und das Wasser unterrühren und einen homogenen Teig verkneten. Den Teig abgedeckt **1 Stunde** gehen lassen.
3. Auf einer bemehlten Fläche den Teig auf ½ cm Dicke ausrollen. Mit einem Ausstecher oder einem leeren Glas Kreise mit 10 cm Durchmesser ausstechen. Aus dem übrigen Teig per Hand einen Kreis formen.
4. Auf jede Hälfte der Kreise 1 EL Füllung verteilen. Die Ränder der Kreise mit etwas Wasser bestreichen, dann zu Halbkreisen zusammenklappen und die Ränder mit einer Gabel festdrücken.
5. Die Teigtaschen überlappend in die Backform legen und auf mittlerer Hitze etwa **10 Minuten** backen, zum Schluss noch **5 Minuten** auf großer Flamme.

Leckere Maronis

Dauer: 45 Minuten | **Portion(en):** 1 | **Schwierigkeit:** leicht

Zutaten

750 -800 g Esskastanien (*Maronen*)

Zubereitung

1. Die Schale der Maronen mit einem kleinen Messer großzügig einritzen.
2. Den Camping-Backofen etwa zur Hälfte mit den Maronen füllen.
3. Die Maronen auf größter Stufe etwa **10 Minuten** backen. Auf die kleinste Stufe reduzieren und **30 Minuten** weiter backen.
4. Die Schalen von den Maronen ablösen und das Innere genießen.

Überbackene Feigen

Dauer: 15 Minuten | **Portion(en):** 1 | **Schwierigkeit:** leicht

Zutaten

10 Feigen | 10 Schb. Ziegenkäse | Thymian

Zubereitung

1. Die Feigen mittig kreuzweise fast bis zum Boden einschneiden.
2. Die Käsescheiben jeweils in 4 Stücke schneiden und in die Spalten der Feigen geben.
3. Die Feigen in die Silikonform geben und den Thymian darüber streuen.
4. Die Form in den Camping-Backofen einsetzen und die Feigen etwa **7-9 Minuten** auf großer Flamme überbacken.

Mini-Pizzen

Dauer: 40 Minuten | **Portion(en):** 7 | **Schwierigkeit:** leicht
Ruhezeit: 30 Minuten

Zutaten

120 g Mehl | 2 g Trockenhefe | 1 Prise Salz | 1 TL Olivenöl | 55 ml lauwarmes Wasser | 1 reife Birne | 50 g Roquefort | 3 EL Frischkäse | 5 Walnüsse | Pfeffer

Zubereitung

1. In einer Schüssel das Mehl mit Hefe und Salz mischen und das Öl und Wasser mit einer Gabel unterrühren. Daraus auf einer Arbeitsfläche etwa **4-5 Minuten** einen Teig kneten. Den Teig abgedeckt **30 Minuten** an einem warmen Ort gehen lassen.
2. Das Aufbackgitter in den Camping-Backofen einsetzen und mit Backpapier belegen.
3. Den Teig auf ½ cm Dicke ausrollen und mit einem leeren Glas mit 12 cm Durchmesser 6 Kreise ausstechen. Aus dem übrigen Teig per Hand einen Kreis formen. Die Teiglinge in die Form legen und abdecken.
4. Den Frischkäse cremig verrühren. Die Walnüsse halbieren und 5 Hälften fein hacken und unter den Frischkäse rühren. Mit wenig Pfeffer würzen.
5. Die Birne entkernen und in dünne Scheiben schneiden.
6. Je 1 TL der Frischcreme auf den Minipizzen verstreichen und darauf je 2-3 Birnenscheiben legen. Den Roquefort zerzupfen und darauf geben.
7. Die Pizzen auf mittlerer Hitze etwa **15 Minuten** überbacken.
8. Die übrigen Walnüsse zerbröseln und über die fertigen Pizzen streuen. Vor dem Servieren noch mit Pfeffer bestreuen.

Creme Brulee

Dauer: 70 Minuten | **Portion(en):** 6 | **Schwierigkeit:** mittel
Ruhezeit: 3-4 Stunden

Zutaten

1 Vanilleschote | 200 ml Milch | 200 ml Sahne | 5 Eigelbe | 45 g Zucker

Zubereitung

1. Die Vanilleschote längs aufschlitzen und das Mark herauskratzen.
2. In einem Topf die Milch mit Vanillemark und Vanilleschote aufkochen und dann etwa **10-12 Minuten** abgedeckt im Topf ziehen lassen.
3. Die Sahne angießen und alles nochmal bis zum Siedepunkt erhitzen. Die Vanilleschote herausfischen.
4. Die Eigelbe mit dem Zucker zu einer Creme schlagen und die Vanille-Sahne portionsweise einrühren. Die Creme in 6-8 ofenfeste Förmchen füllen.
5. In den Camping-Backofen das Aufbackgitter einsetzen und die Förmchen darauf verteilen. Nun **2 Minuten** bei großer Hitze und **50 Minuten** bei geringer Hitze stocken lassen.
6. Die Creme abgedeckt **5-6 Minuten** ruhen lassen und dann ohne Deckel auskühlen lassen.
7. Die Förmchen **3-4 Stunden** in den Kühlschrank stellen.
8. Die Creme brulee mit Zucker bestreuen und mit einem Brenner flambieren.

Schokoladen-Auflauf

Dauer: 35 Minuten | **Portion(en):** 4 | **Schwierigkeit:** leicht

Zutaten

1 Gl. Sauerkirschen | 150 g Zartbitter-Kuvertüre | 100 g Butter | 60 g Mehl | 2 EL Backkakao | ½ TL Weinstein-Backpulver | 3 Eier | 80 g Zucker | 1 Pck. Vanillezucker | 1 Prise Meersalz

Zubereitung

1. Die Kirschen in einem Sieb abtropfen lassen.
2. Die Kuvertüre fein hacken und 1/3 zur Seite stellen. Die übrige Kuvertüre mit der Butter im Wasserbad schmelzen und etwas abkühlen lassen.
3. In einer Schüssel das Mehl mit Backpulver und Kakao mischen.
4. Die Eier trennen und die Eiweiße mit dem Salz steif schlagen. Etwa die Hälfte des Zuckers einrieseln lassen und schlagen.
5. Die Eigelbe mit dem übrigen Zucker und dem Vanillezucker zu einer Creme rühren. Die Kuvertüre langsam unterrühren. Das Mehl untermischen, so wird die Masse fester.
6. Den Eischnee mit einem Teigschaber portionsweise unterheben.
7. Die Kirschen in der Silikonform verteilen und den Teig darüber geben. Die restliche Kuvertüre darüber streuen.
8. Den Auflauf **20 Minuten** bei kleiner Hitze backen und danach warm servieren.

Süßer Kirschauflauf

Dauer: 60 Minuten | **Portion(en):** 4 | **Schwierigkeit:** leicht

Zutaten

1 Gl. Kirschen | 400 g Schmand | 1 Pck. Vanillepudding | ½ l Milch | 4 EL Zucker | 1 Ei

Zubereitung

1. Die Kirschen in einem Sieb abtropfen lassen.
2. Den Schmand mit dem Puddingpulver, der Milch, dem Zucker und dem Ei verrühren.
3. Den Camping-Backofen gut einfetten. Die Kirschen darin verteilen und die Creme darüber gießen.
4. Den Auflauf **50 Minuten** bei geringer Hitze stocken lassen.

Fruchttaschen

Dauer: 35 Minuten | **Portion(en):** 16 | **Schwierigkeit:** schwer

Zutaten

250 g Weizenmehl | 65 g Zucker | 7 g Backpulver | ½ Tüte Trockenhefe | 50 g Rapsöl | 125 ml Milch | 1 Ei | 100 g Brombeeren | 10 g Speisestärke

Zubereitung

1. In einem Topf die Brombeeren zerdrücken und mit 10 g Zucker und Stärke unter Rühren erwärmen. Sobald die Masse eindickt, den Topf vom Herd ziehen.
2. Das Mehl mit dem übrigen Zucker, dem Backpulver und der Hefe vermischen.
3. Die Milch lauwarm erwärmen. Das Ei trennen und das Eigelb mit dem Öl und der Milch zum Mehl geben. Aller mit einer Gabel verrühren und dann etwa **5 Minuten** einen glatten Teig kneten.
4. Den Teig auf einer bemehlten Fläche quadratisch ausrollen und in 32 Quadrate schneiden. Auf die Hälfte je 1 TL Brombeerkompott füllen.
5. Die Ränder der übrigen Teiglinge mit dem Eiweiß bestreichen und die Quadrate mittig einschneiden. Dann als Deckel auf die Fruchtmasse legen und die Ränder gut verschließen.
6. Die Seitenwände des Camping-Backofen einfetten und das Aufbackgitter einsetzen. Darauf ein Backpapier legen und 8 Teiglinge verteilen.
7. Für **2 Minuten** auf größter und anschließend **12 Minuten** auf kleinster Flamme backen. Zum Schluss noch einmal **3 Minuten** auf höchster Stufe fertigbacken. Mit den übrigen Teiglingen ebenso verfahren.

Zucchini-Feta-Muffins

Dauer: 45 Minuten | **Portion(en):** 6-7 | **Schwierigkeit:** leicht

Zutaten

1 kl. Zucchini | 175 g Weizenmehl | 80 g Feta | 1 Ei | 150 ml Milch | 2 TL Olivenöl | 2 TL Backpulver | ½ TL Rosmarin | Salz | Pfeffer | Muskat

Zubereitung

1. Die Zucchini schälen und in Spalten hobeln. Den Feta würfeln.
2. In einer Schüssel die Milch mit Ei, Rosmarin und Gewürzen verquirlen. Die Zucchini und den Schafskäse unterheben.
3. Das Mehl mit dem Backpulver mischen und in die Milch-Käse-Mischung rühren.
4. 6 oder 7 Muffinförmchen gut einfetten und den Teig einfüllen.
5. Das Aufbackgitter in den Camping-Backofen einsetzen und die Förmchen darauf verteilen.
6. Die Muffins **8 Minuten** bei großer und anschließend **20 Minuten** bei mittlerer Hitze backen.

Nussecken

Dauer: 45 Minuten | **Portion(en):** 14 | **Schwierigkeit:** mittel

Zutaten

170 g Butter | 140 g Zucker | 1 Ei | 140 g Zucker | 150 g Weizenmehl | ½ TL Backpulver | 2 EL Aprikosen-Marmelade | 1 Pck. Vanillezucker | 100 g gemahlene Haselnüsse | 100 g gehackte Haselnüsse | 2 EL Wasser | 500 g Kuvertüre

Zubereitung

1. 70 g Butter mit 60 g Zucker und dem Ei schaumig verrühren. Das Mehl mit dem Backpulver mischen und nach und nach unterrühren.
2. Die Innen- und Außenränder des Camping-Backofens einfetten. Das Aufbackgitter mit einem zugeschnittenen Backpapier einsetzen.
3. Den Teig einfüllen und glatt streichen. Die Marmelade auf dem Teig verstreichen.
4. Den übrigen Zucker mit der restlichen Butter und dem Vanillezucker im Wasserbad auflösen. Die Haselnüsse einrühren. Das Wasser zugeben und zugeben und alles zu einer homogenen Masse verrühren.
5. Die Nussmasse auf den Teig verteilen und glatt streichen. Auf kleiner Flamme nun **25 Minuten** backen.
6. Die Nussecken **4-5 Minuten** in der Form abkühlen lassen, herausstürzen und sofort in etwa 14 Stücke teilen. Komplett auskühlen lassen.
7. Die Kuvertüre schmelzen und alle Seiten der Nussecken hineintauchen und dann auf einem Teller auskühlen lassen.

Franz-Brötchen

Dauer: 45 Minuten | **Portion(en):** 10 | **Schwierigkeit:** schwer
Ruhezeit: 30 Minuten

Zutaten

¼ l Milch | 175 g Butter | 500 g Weizenmehl | 1 Pck. Trockenhefe | 175 g Zucker | 1 Pck. Vanillezucker | 1 Prise Salz | 1 Ei | 2 TL Zimt

Zubereitung

1. Die Milch mit 75 g Butter in einem Topf erwärmen.
2. In einer Schüssel das Mehl und die Hefe mischen. Etwa 70 g Zucker, den Vanillezucker und das Salz untermischen.
3. Die Milchbutter und das Ei zum Mehl geben und gut verrühren. Daraus einen glatten Teig verkneten. Den Teig zugedeckt **30 Minuten** gehen lassen.
4. Inzwischen die übrige Butter und den restlichen Zucker mit dem Zimt zu einer Masse rühren.
5. Auf einer bemehlten Arbeitsfläche den Teig nochmals durchkneten und zu einem Rechteck von ca. 70x30 cm ausrollen. Die Zuckermischung darauf verstreichen und den Teig von der langen Seite zu einer Rolle aufrollen. Mit dem Messer trapezförmig in 10 Stücke schneiden.
6. Mit einem Kochlöffelstiel auf die schmale Seite drücken, so entsteht die typische Form. 5 Teiglinge in die Silikonform legen und **25 Minuten** bei kleiner Hitze backen. Die übrigen Teiglinge in der Zeit im Kühlschrank lagern.

Schwarzwälder-Cupcakes

Dauer: 40 Minuten | **Portion(en):** 6 | **Schwierigkeit:** mittel

Zutaten

1 Gl. Kirschen | 70 g Margarine | 45 g Zucker | 1 Ei | 1 Pck. Vanillezucker | 50 ml Milch | 130 g Mehl | 1 TL Backpulver | 1 EL Backkakao | Rumaroma | 75 ml Sahne | 3 EL Schokoraspeln

Zubereitung

1. Die Kirschen in einem Sieb abtropfen lassen.
2. Die Margarine mit dem Zucker und 1 TL Vanillezucker schaumig rühren. Das Ei und 2 EL Milch zugeben und gut vermischen. Das Mehl mit dem Backpulver mischen und untermischen.
3. Etwa 2/3 des Teiges in 6 Muffinförmchen füllen und je 3-5 Kirschen darauf setzen. 6 Kirschen zur Seite legen.
4. Den übrigen Teig mit der Milch, dem Kakaopulver und dem Rumaroma vermischen. Den Teig auf die Förmchen verteilen und oben drauf je 1 Kirsche setzen.
5. Die Förmchen auf das Aufbackgitter geben und bei mittlerer Hitze **20 Minuten** backen. Die Cupcakes mit Deckel nach der Backzeit **5 Minuten** ruhen lassen, dann komplett auskühlen lassen.
6. Inzwischen die Sahne mit dem übrigen Vanillezucker steif schlagen. Die Sahne auf den Muffins verteilen und mit Schokoraspeln bestreuen.

Kräuter-Käsekuchen

Dauer: 75 Minuten | **Portion(en):** 1 | **Schwierigkeit:** schwer

Zutaten

150 g Kartoffel-Chips | 60 g Butter | 300 g Speisequark | 300 g Frischkäse | 2 Eier | Pfeffer | Salz | 100 g Basilikum-Pesto

Zubereitung

1. Die Chips in einem Frischhaltebeutel mit dem Nudelholz fein zerbröseln.
2. In einem Topf die Butter schmelzen und die Chips zugeben und vermischen. Damit den Boden der Silikonform befüllen.
3. In einer Schüssel den Frischkäse cremig rühren und den Quark einrühren. Die Eier einzeln unterrühren. Das Pesto zugeben und alles gut verrühren.
4. Die Creme kräftig mit Pfeffer und mit etwas Salz würzen. Die Füllung auf dem Chipsboden verteilen.
5. Die Silikonform in den Camping-Backofen einsetzen und auf der kleinsten Stufe etwa **60 Minuten** backen.
6. Den Käsekuchen vollständig auskühlen lassen und dann auf einen Teller stürzen und genießen.

Apfel-Ballen

Dauer: 45 Minuten | **Portion(en):** 8 | **Schwierigkeit:** leicht

Zutaten

2 Äpfel | 200 g Weizenmehl | 3 TL Backpulver | 40 g Zucker | 1 Prise Salz | 85 g Quark | 40 ml Rapsöl | 65 ml Milch | 30 g Rosinen

Zubereitung

1. Die Äpfel schälen, entkernen und klein würfeln.
2. Den Camping-Backofen gut einfetten.
3. Das Mehl mit Backpulver, Zucker und Salz in einer Schüssel mischen. Nach und nach den Quark, das Öl und die Milch dazugeben und mit der Gabel verrühren.
4. Die Apfelwürfel und Rosinen unterrühren. Aus dem Teig 8 Kugeln formen und in den Camping-Backofen setzen. Die Ballen **30-35 Minuten** auf kleinster Flamme backen.

Biscotti mit Ricotta

Dauer: 55 Minuten | **Portion(en):** 10 | **Schwierigkeit:** leicht

Zutaten

130 g Weizenmehl | 100 g Zucker | 200 g Ricotta | 1 TL Weinstein-Backpulver | 1 Zitrone | Orangenzucker

Zubereitung

1. Die Zitrone heiß abspülen und 1 TL Schale abreiben.
2. Den Camping-Backofen gut einfetten.
3. Das Mehl mit Zucker, Ricotta, Backpulver und Zitronenabrieb in einer Schüssel mit der Gabel vermischen und dann einen homogenen Teig kneten.
4. Aus dem Teig 10 Kugeln formen und im Orangenzucker wälzen. Die Kugeln in die Backform setzen und **2 Minuten** auf größter Flamme und **40 Minuten** auf der kleinsten Stufe backen.

Bratapfel

Dauer: 40 Minuten | **Portion(en):** 8 | **Schwierigkeit:** leicht

Zutaten

8 große Äpfel | 8 Stck. Schokolade | 4 TL gemahlene Mandeln | 40 Rosinen | 8 TL Karamellsirup | Zimtpulver | 4 Walnusskerne

Zubereitung

1. Die Äpfel mit einem Teelöffel am Stielansatz einstechen und die Kerngehäuse entfernen. Dann etwas aushöhlen.
2. In die Vertiefungen nacheinander 1 Stück Schokolade, ½ TL Mandeln, etwas Zimt, 5 Rosinen und 1 TL Sirup füllen.
3. Die Walnüsse halbieren und auf den Äpfeln verteilen. Die Äpfel in den Camping-Backofen setzen und **3 Minuten** auf größter und anschließend **25 Minuten** auf mittlerer Hitze backen.

Besonders gut schmecken die Bratäpfel warm mit einer Vanillesoße.

Brownies

Dauer: 70 Minuten | **Portion(en):** 1 | **Schwierigkeit:** leicht

Zutaten

400 g dunkle Schokolade | 300 g Butter | 6 EL Backkakao | 6 Eier | 275 g Zucker | 10 g Honig | Salz | 275 g Weizenmehl | 120 g Walnüsse

Zubereitung

1. Die Schokolade zerbrechen und mit der Butter und dem Kakao im Wasserbad unter Rühren schmelzen lassen.
2. In einer Schüssel die Eier mit Zucker, Honig und 2 Prisen Salz verrühren. Die Schokolade und das Mehl löffelweise unterrühren. Die Walnüsse unterheben.
3. Den Camping-Backofen einfetten und mit Mehl ausstreuen. Den Teig einfüllen und dann **2 Minuten** auf größter und **50 Minuten** auf kleinster Flamme backen.
4. Vor dem Stürzen den Kuchen komplett auskühlen lassen.

Französischer Kuchen

Dauer: 55 Minuten | **Portion(en):** 1 | **Schwierigkeit:** schwer

Zutaten

65 g weiche Butter | 80 g Zucker | 3 Eier | 150 g gemahlene Mandeln | 2 Pck. Vanillezucker | ½ Röhrchen Rumaroma | 3 Trpf. Bittermandelöl | 1 Pck. Blätterteig

Zubereitung

1. Die Butter mit dem Zucker schaumig schlagen. 1 Ei trennen und das Eigelb zur Seite stellen. Die übrigen Eier und das Eiweiß zur Butter geben und schaumig mixen.
2. Die Mandeln, Vanillezucker und die Aromen unterrühren.
3. Die Backform gut einfetten.
4. Den Blätterteig ausrollen und in die Form legen, dabei mittig kreuzweise einschneiden.
5. Die Füllung auf dem Teig verteilen und den überstehenden Blätterteig nach innen und außer klappen. Die Teigränder mit Eigelb bepinseln. In die Oberfläche 5-6 Ritzen schneiden.
6. Den Kuchen **2 Minuten** auf größter und anschließend **35 Minuten** auf kleinster Stufe backen. Zum Schluss weitere **3-4 Minuten** auf größter Flamme backen.

Käsekuchen „American Style“

Dauer: 80 Minuten | **Portion(en):** 1 | **Schwierigkeit:** schwer
Ruhezeit: 45 Minuten

Zutaten

150 g Weizenmehl | 100 g Butter | 55 g Zucker | 3 Eier | 200 g weiße Schokolade | 400 g vollfetter Frischkäse | 3 EL Milch | 1 EL Vanilleextrakt

Zubereitung

1. Die Backform gut einfetten und mit Mehl ausstreuen.
2. Das Mehl mit Zucker und 1 Ei vermischen. Die Butter klein würfeln und dazugeben. Mit den Händen einen Teig verkneten und damit die Backform auskleiden, dabei oben einen Rand von etwa 2 cm lassen. Die Backform **30-45 Minuten** in den Kühlschrank stellen.
3. Den Teig für **2 Minuten** auf höchster und **15 Minuten** auf kleinster Stufe vorbacken.
4. Inzwischen in einem Topf mit der Milch verrühren. Die Schokolade hacken und unterrühren. Auf kleiner Flamme die Schokolade schmelzen lassen. Den Topf dann vom Herd nehmen.
5. In einer Schüssel den übrigen Frischkäse mit den 2 Eiern und der Vanille vermischen. Die Schokolade unterrühren.
6. Die Masse auf den Kuchenboden füllen und gut verstreichen. Den Kuchen **2 Minuten** auf der größten und etwa **50 Minuten** auf der niedrigsten Stufe backen.
7. Den Käsekuchen unbedingt komplett auskühlen lassen, bevor er gestürzt wird.

Mandarinen-Kuchen

Dauer: 50 Minuten | **Portion(en):** 1 | **Schwierigkeit:** leicht

Zutaten

2 Ds. Mandarinen-Orangen | 100 g weiche Butter | 80 g Zucker | 2 TL Vanillezucker | 3 Eier | 175 g Weizenmehl | ½ TL Backpulver | ½ TL Natron | 100 ml Buttermilch | Puderzucker

Zubereitung

1. Die Mandarinen in einem Sieb abtropfen lassen.
2. In einer Schüssel die Butter mit dem Zucker und Vanillezucker cremig verrühren. Die Eier zugeben und schaumig schlagen.
3. Das Mehl mit Backpulver und Natron mischen und zur Butter-Ei-Mischung geben. Kurz und kräftig unterrühren. Die Hälfte der Buttermilch einrühren, kurz warten und die übrige Buttermilch auch einrühren.
4. Die Mandarinen unter den Teig heben.
5. Die Silikonform in den Camping-Backofen einsetzen und den Teig einfüllen. Den Kuchen **40 Minuten** auf kleiner Flamme backen.
6. Den Kuchen danach **4-5 Minuten** in der Form auskühlen lassen und aus der Form heben. Komplett auskühlen lassen und mit Puderzucker bestreuen.

Rotwein-Kuchen

Dauer: 55 Minuten | **Portion(en):** 1 | **Schwierigkeit:** mittel

Zutaten

200 g Margarine | 100 g Zucker | 1 Pck. Vanillezucker | ½ Fl. Rumaroma | 1 Prise Meersalz | 3 Eier | 200 g Weizenmehl | 2 TL Backkakao | ½ TL Zimtpulver | ½ Pck. Backpulver | 100 g Schokoraspeln | 150 ml Rotwein | 50 g gehackte Mandeln | 150 g Puderzucker

Zubereitung

1. In einer Schüssel die Margarine unter Rühren mit dem Zucker, Vanillezucker, Rumaroma und Salz vermischen. Die Eier einzeln unterrühren.
2. Das Mehl mit Backpulver, Kakao und Zimt mischen und unter die Masse rühren. 100 ml Rotwein vorsichtig unterrühren. Zum Schluss die Mandeln und Schokoraspeln unterheben.
3. Die Silikonform in den Camping-Backofen einsetzen und den Teig einfüllen. Bei kleiner Hitze **45 Minuten** backen, dabei die Stäbchenprobe machen.
4. Den Kuchen anschließend mit Deckel **4-5 Minuten** ruhen lassen.
5. Inzwischen den Puderzucker mit dem übrigen Rotwein zu einem dickflüssigen Guss verrühren. Damit den abgekühlten Kuchen überziehen.

Russischer Zupfkuchen

Dauer: 75 Minuten | **Portion(en):** 1 | **Schwierigkeit:** schwer
Ruhezeit: 45 Minuten

Zutaten

330 g Weizenmehl | 35 g Kakaopulver | 2 TL Weinstein-Backpulver | 330 g Zucker | 3 Eier | 150 g Butter | 400 g Magerquark | 200 g Margarine | 1 Pck. Vanillepudding

Zubereitung

1. In einer Schüssel das Mehl mit dem Kakao- und Backpulver mischen. Etwa 175 g Zucker, 1 Ei und die Butter zugeben und einen Teig kneten. Den Teig in Folie gewickelt etwa **45 Minuten** in den Kühlschrank legen.
2. Inzwischen die Margarine schmelzen. Den Quark übrigen Zucker, die Margarine, 2 Eier und das Puddingpulver in einer Schüssel verrühren.
3. Die Backform gut einfetten und mit Mehl ausstreuen.
4. Den gekühlten Teig auf einer bemehlten Fläche etwas platt drücken. Etwas Teig zur Seite stellen. Einzelne Stücke vom Teig abreißen und auf dem Boden und den Seiten des Camping-Backofen verteilen.
5. Die Quarkmasse einfüllen und den zur Seite gelegten Teig darauf fleckenartig verteilen.
6. Den Kuchen **7 Minuten** auf größter Flamme und dann **50 Minuten** auf mittlerer Hitze backen.
7. Den Zupfkuchen danach komplett auskühlen lassen und aus der Form lösen.

Quarkstollen

Dauer: 70 Minuten | **Portion(en):** 1 | **Schwierigkeit:** mittel

Zutaten

500 g Weizenmehl | 1 Pck. Backpulver | 1 Prise Salz | 1 Fl Rumaroma | 2 Eier | 175 g Butter | 150 g Zucker | 250 g Quark | 1 Pck. Vanillezucker | 150 g Rosinen | 100 g Zitronat | 100 g gemahlene Mandeln | 100 g gestiftelte Mandeln | Puderzucker

Zubereitung

1. Das Mehl in einer Schüssel mit dem Backpulver mischen. Das Zitronat sehr fein hacken.
2. Alle Zutaten –bis auf Puderzucker- nach und nach zugeben und einen glatten Teig kneten.
3. Die Form gut einfetten oder die Silikonform verwenden.
4. Den Teig einfüllen und **50 Minuten** bei kleiner Hitze backen.
5. Den Stollen danach mit Deckel **10-12 Minuten** auskühlen lassen. Herausnehmen und auf einem Gitter komplett abkühlen lassen. Mit Puderzucker bestäubt servieren.

Pflaumenkuchen

Dauer: 40 Minuten | **Portion(en):** 1 | **Schwierigkeit:** leicht

Zutaten

120 g Butter | 60 g Zucker | 1 Ei | 1 TL Vanillezucker | 1 TL Weinstein-Backpulver | 150 g Weizenmehl | 400 g Pflaumen oder Zwetschken

Zubereitung

1. Die Butter erwärmen und mit Zucker, Ei und Vanillezucker schaumig rühren. Das Mehl mit dem Backpulver mischen und in 2 Portionen unterrühren.
2. Den Camping-Backofen gut einfetten und mit Mehl bestäuben. Den Teig einfüllen.
3. Die Pflaumen entkernen und auf dem Teig verteilen.
4. Den Kuchen **20-25 Minuten** auf mittlerer Hitze backen.

Der Pflaumenkuchen schmeckt sehr gut mit frisch geschlagener Sahne.

Nougatcreme-Kokos-Kuchen

Dauer: 60 Minuten | **Portion(en):** 1 | **Schwierigkeit:** mittel

Zutaten

200 g weiche Butter | 150 g Zucker | 1 Pck. Vanillezucker | 1 Prise Salz | 4 Eier | 200 ml Kokosmilch | 370 g Weizenmehl | 1 TL Backpulver | 170 g Nuss-Nougatcreme

Zubereitung

1. In einer Schüssel die Butter mit Zucker, Vanillezucker und Salz cremig verrühren. Die Eier nach und nach zugeben und einrühren.
2. Das Mehl mit dem Backpulver mischen. Die Mischung abwechselnd mit der Kokosmilch unterrühren.
3. Die Silikonform einsetzen und die Hälfte des Teigs einfüllen. Die andere Hälfte mit den Nougatcreme vermischen und über den Teig geben. Mit einer Gabel ein marmorähnliches Muster auf der Oberfläche ziehen.
4. Den Kuchen auf kleiner Flamme **40 Minuten** backen. Nach der Backzeit **5 Minuten** mit und **5 Minuten** ohne Deckel ruhen lassen.

Leckeres Brot

Dauer: 60 Minuten | **Portion(en):** 1 | **Schwierigkeit:** leicht
Ruhezeit: 30 Minuten

Zutaten

300 g Vollkornmehl | 200 g Weizenmehl | 350 ml warmes Wasser | 21 g frische Hefe | 2 EL Rapsöl | 1 TL Salz | 1 EL Zucker

Zubereitung

1. Die Hefe im warmen Wasser auflösen. Nach und nach die übrigen Zutaten zugeben und gut verkneten. Den Teig **30 Minuten** an einem warmen Ort gehen lassen.
2. Die Backform gut einfetten und mit Mehl ausstreuen. Den Teig einfüllen, mit etwas Wasser bestreichen und **7 Minuten** auf größter Flamme vorbacken. Dann **45 Minuten** auf kleiner Flamme fertig backen.

Haftungsausschluss

Der Inhalt dieses Buches wurde mit großer Sorgfalt geprüft und erstellt. Für die Vollständigkeit, Richtigkeit und Aktualität der Inhalte kann jedoch keine Garantie oder Gewähr übernommen werden. Der Inhalt dieses Buches repräsentieren die persönliche Erfahrung und Meinung des Autors und dient nur dem Unterhaltungszweck. Der Inhalt sollte nicht mit medizinischer Hilfe verwechselt werden. Es wird keine juristische Verantwortung oder Haftung für Schäden übernommen, die durch kontraproduktive Ausübung oder durch Fehler des Lesers entstehen. Es kann auch keine Garantie für Erfolg übernommen werden. Der Autor übernimmt daher keine Verantwortung für das Nicht-Erreichen der im Buch beschriebenen Ziele.

Impressum

1. Auflage 2020

Kontakt: Michel Schubert / Danziger Str. 12 / 33142 Büren
Covergestaltung: Pseudonym
Coverfoto: depositphotos.com
/publicdomainvectors.org/pixabay/thenounproject.com

Printed in Germany
by Amazon Distribution
GmbH, Leipzig

22171369R00055